넥스트
교사교육
시리즈
01

기초역량

나는 영혼을 살리는 교사입니다

**넥스트
교사교육
시 리 즈
01**

기초역량

나는 영혼을 살리는 교사입니다

초판 1쇄 발행 2025년 12월 20일

지은이 I 정석원 · 이재영 · 김성중 · 김민철

펴낸곳 I 나인프루츠 미니스트리
등 록 I 제 2025-000137호
주 소 I 경기도 성남시 수정구 수정로 316, 셀레스빌 701호
이메일 I church-edu@naver.com
전 화 I 031-8039-6999
팩 스 I 0504-296-2859

기획편집 I 넥스트교회교육원
디자인 I 희디자인(heeyastory@kakao.com)

ISBN 979-11-996250-0-6 (03230)

- 이 책은 신저작권법에 의하여 국내에서 보호를 받는 저작물입니다.
  출판사의 협의 없는 무단 전재와 무단 복제를 엄격히 금합니다.
- 책 값은 뒷표지에 있습니다.
- 잘못된 책은 구입하신 곳에서 교환하여 드립니다.
- '나인프루츠 미니스트리'는 넥스트교회교육원이 운영하는 출판사입니다.

넥스트 교사교육 시리즈 01

넥스트교회교육원 교사교육 교재 - 기초역량 코스

나는 영혼을 살리는 교사입니다

김성중
김민철
이재영
정석원
공저

나인프루츠

추천사

일반적으로 교육에 세 가지 필수조건을 다음과 같이 꼽습니다. 첫째, 시설, 둘째, 교육의 내용, 그리고 셋째, 교사입니다. 그런 의미에서 〈넥스트 교사 교육 시리즈〉 귀한 책이 출간된 것을 진심으로 축하드립니다.

기독교 교육의 전문가분들의 글들을 읽으면서 다른 교재나 책과는 분명히 다른 차별성이 있음을 감사하게 생각합니다. 균형 있는 복음의 내용과, 일관성 있는 주제, 대상에 맞는 적실성, 적용의 현실성 등이 차별 있는 교재라는 것을 확인합니다. 더욱 중요한 것은 이 교재를 실질적으로 다루어야 할 교사들에게는 매우 현실감 있는 교재가 될 것입니다.

■ **송태근 목사** (삼일교회 담임)

거의 모든 교회에서 교사가 부족하다 말합니다. 그것은 두 가지 의미인데 신입 교사가 부족한 것과, 기존 교사의 사역이 원활하지 않음을 의미합니다. 둘 다 교사를 양성하지 않았다는 뜻입니다. 교사로 자원하는 사람이 없기는 하지요. 하지만 적극적으로 발굴하고 양성하려는 노력이 더 강해야 합니다. 단 한 명의 후보생을 위해서라도 양성을 위한 교육과정을 준비해야 합니다. 기존 교사들이 더 유능해지는 것도 중요합니다. 유능한 교사는 교회학교 운영에서 부족한 대부분의 영역을 보완합니다. 소수의 유능한 교사로 구성된 교회학교가 아주 역동적으로 사역하는 경우도 있습니다.

넥스트교회교육원의 솔루션은 단 한 명의 지원자라도 효과적으로 양성할 수 있는 것이어서 모든 교회에 유익합니다. 한국 교회의 보물이라 할 수 있습니다. 또한 온라인 교육과정은 필연적으로 담임 목사 및 현장 사역 책임자의 개입이 더해져야 강력해집니다. 이번에 출간한 교재는 그러한 현장의 필요를 요긴하게 채워줄 것입니다. 현존 최강의 현장 사역자들이 집필하여 바로 적용할 수 있는 콘텐츠를 만나실 수 있습니다. 각 교회의 담임목사님, 사모님, 교육부서 리더들이 신입 및 기존 교사들의 교육을 위해 활용하면 좋은 결과를 맺을 것입니다. 그리고 이러한 노력이 각 교회별로 적어도 3년 이상 지속되기를 기도합니다. 3년 후에는 유능한 교사들이 부족함 없이 사역하는 현장을 만드실 수 있을 것입니다.

▌ **홍승영 목사** (아름다운 가지, 장지교회 담임)

현장은 순조롭지 않습니다. 시대도 아이들도 항상 변화합니다. 그러나 아이들에게는 당장 좋은 교육이 절실합니다. 교육은 기다릴 수 없습니다. 그래서 오랫동안 현장에서 가슴앓이하며 아이들과 뒹굴었던 저자들의 교재는 가뭄의 비 같은 귀한 선물입니다. 이번 〈넥스트 교사 교육 시리즈〉의 발간을 환영하고 축복합니다.

▌ **홍민기 목사** (라이트하우스무브먼트 대표, 브리지임팩트사역원 이사장)

갈수록 교회학교 현장이 어려워지고 있다. 특히 출산율 감소, 부정적 교회 이미 확산, 프로그램의 매력 요소 상실, 전문성 부족으로 인해서 교회학교는 계속 마이너스 성장을 하고 있다. 특히 전문적인 사역자가 많이 부족하다는 부분을 귀담아들을 필요가 없다. 신학교에 가는 숫자도 많이 줄어서 과거 보다 더 교회학교 전문가가 없다고 한다. 이때 대안은 평신도 교사들이다. 한국 교회 안에는 유능한 교사들이 많이 있다. 때로는 담당 교역자 없이 홀로 1인 3역을 하는 헌신된 교사들이 많이 있다. 교회학교의 회복과 부흥을 위한 최고의 전략은 바로 평신도 교사를 교육 전문가로 양성하는 길이라고 확신한다.

　이런 면에서 〈넥스트 교사 교육 시리즈〉는 교사의 전문성을 세우기에 안성맞춤이다. 교사들에게 필요한 모든 소스를 다 가지고 있는 시리즈다. 특히 각 단계별로 수준에 맞는 교육 자료를 제공하는 것이 매우 큰 장점이다. 또한 이 자료들은 매우 실천적이고 실제적이다. 그리고 집필진들이 현장성이 강하기에 현장에서 바로 적용하기에 적합한 자료이다.

　〈넥스트 교사 교육 시리즈〉를 잘 활용한다면 탁월한 평신도 전문 교사들이 양성될 것이라 확신한다. 다시 한번 교회학교 부흥을 소망해 본다.

▌ 이정현 목사 (청암교회 담임)

다음세대의 신앙은 결코 저절로 자라지 않습니다. 한 사람의 교사가 흘린 눈물과 기도, 그리고 사랑의 수고를 통해서만 아이들의 믿음이 세워집니다. 그렇기에 교사는 단순한 교육자가 아니라, 영혼을 말씀 위에 세우는 사람입니다. 〈넥스트 교사 교육 시리즈〉는 이러한 교사를 세우기 위한 탁월한 안내서입니다. 이 책은 '무엇을 가르칠까'보다 '어떤 교사가 될까'를 먼저 묻고, 교사의 정체성과 사명, 소통의 기술, 성경연구와 공과준비 등 핵심을 균형 있게 다루고 있습니다. 교사에게 부담을 더하는 책이 아니라, 하나님께서 주신 부르심을 다시 깨닫게 하는 책입니다. 다음 세대를 세워가는 모든 교사들에게 이 책을 기쁜 마음으로 추천합니다.

▌ 주경훈 목사 (오륜교회 담임)

교회교육에서 쉽게 빠지는 함정이 있다면, 교사는 이미 준비된 사람이라는 선입견입니다. 그래서 교사 교육을 간과하고 학생교육으로 직진하는 경향들이 있습니다. 하지만 교회교육에서 가장 중요한 것은 교육의 컨텐츠와 방법이 아니라, 그것을 가능케 하는 교사의 역량과 성품, 그리고 사명감과 정체성을 확립하는 교사 교육입니다. 목회의 현장에서 교사 교육의 필요성을 절감하면서도 늘 안타까웠던 것은 학생을 위한 교재가 아니라, 교사 훈련을 위한 교재가 빈약하다는 것입니다. 이런 현실 앞에 넥스트교회교육원에서 교사 교육 교재를 발간하게 된 것이 고맙고도 반갑습니다. 교재의 커리큘럼에는 내용의 전문성과 현실적 필요가 균형을 이루고 있습니다. 부디 많은 교회들이 이 교재를 사용하여 훌륭한 교사들을 발굴하고 훈련할 수 있기를 바랍니다.

▌**최병락 목사** (강남중앙침례교회 담임. 월드사역연구소 소장)

운동을 배우다 보면, 코치들이 가장 먼저 외치는 말이 있습니다. "제발 힘을 빼세요!" 몸에 밴 잘못된 습관과 방식을 내려놓아야 운동의 기본자세가 잡히기 때문입니다. 〈넥스트 교사 교육 시리즈〉는 '영혼을 살리는 교사'가 되기 위해 필요한 교사의 정체성, 소명·사명, 대화법과 교수법 등의 기초에서부터, 성경과 교리, 상담, 그리고 각 부서별 현장을 위한 사역연구까지 차근차근 체계적으로 접근하며, 교사가 복음 전수자이자, 진정한 선생으로 자리하도록 기본기를 탄탄하게 가르쳐 줍니다. 모쪼록 이 책을 통해 많은 교사들이 예수님의 삼중직(제사장, 선지자, 왕)을 따라 영혼을 살리는 교사로 세워지기를 진심으로 소망합니다.

▌**양성진 교수** (감리교신학대학교 기독교교육과)

교사 자체가 교육이라고 해도 과언이 아닙니다. 교회교육이 세상의 많은 것들과 경쟁해야 하는 상황이기에 가르침으로의 부르심과 신앙, 교사라는 분명한 자기 정체성을 가진 교사 한 분 한 분이 더 중요해졌습니다. 세월이 가도 문화가 변해도 교사의 역할과 책임은 변하지 않습니다. 부르심이 변하지 않기 때문입니다. 이 교재가 다시 한번 선생님들을 부르심과 정체성 앞에 서게 할 것입니다. 부디 선생님에게 변화가 있기를 선생님의 변화를 통해 다음세대가 변화될 수 있기를 간절히 소망합니다.

▌**신승범 교수** (서울신학대학교 기독교교육과)

교회 교육 현장은 지금 '넥스트' 세대를 향한 명확한 비전과 실천적인 역량을 갖춘 교사를 간절히 기다리고 있다. 이러한 시대적 부르심에 응답하여 출간된 〈넥스트 교사 교육 시리즈〉는 단순한 지식 전달을 넘어, 복음으로 영혼을 변화시키는 사명을 품은 교사를 세우는 데 그 핵심 목표를 두고 있다. 이 시대의 교회 교육을 다시 세우길 원하는 모든 이에게 이 필독서를 강력히 추천한다.

■ 박성은 목사 (교회교육 리더십센터 대표, 전, 파이디온선교회 대표)

"기독교사 없이는 기독교 교육도 없다"고 말한다. 이는 기독교 교육은 올바른 신앙적 정체성을 가지고 있는 교사가 하나님의 부르심에 신실하게 응답하면서 시작되는 것이기 때문이다. 그리고 하나님의 소명에 반응하면서 기독교사에게 맡겨진 사명을 온전하게 감당하기 위해서는 그에 합당한 역량을 구비해야만 한다. 이런 의미에서 본 〈넥스트 교사 교육 시리즈〉는 교사의 정체성을 다시 한번 고취시키고, 교사로서의 소명과 사명을 재확인하며, 교사가 갖춰야 하는 기본적인 교육 실무역량을 구비하도록 돕는 유익한 안내서라 할 수 있습니다. 바라기는 이 교재를 활용하여 교회학교에서 섬기시는 교사들이 하나님께서 기뻐하시는 기독교사로 새롭게 거듭나기를 소망합니다. 그리고 이 책을 통해 첫사랑을 잊었던 영혼 가운데 새 생명의 싹이 새롭게 움트기를 기대해 봅니다.

■ 이종민 교수 (총신대 기독교교육과)

교회학교의 사명은 단지 프로그램을 운영하는 데 그치지 않고, 다음세대의 영혼을 살리는 교육 사역을 감당하는 데 있습니다. 이 사명을 이루기 위해서는 뜨거운 열정과 더불어 전문적이고 건강한 가르침의 역량이 반드시 필요합니다. 이러한 때에 교사들을 위한 〈넥스트 교사 교육 시리즈〉가 출간되었다는 소식은 큰 감사와 기대를 안겨줍니다.

이 교재는 교사들이 교사로서 반드시 갖추어야 할 기본 역량을 체계적으로 배울 수 있도록 '기초역량코스', '베이직코스', '사역연구코스'의 3단계 총 14권으로 구성되어 있습니다. 〈넥스트 교사 교육 시리즈〉를 통해 많은 교사들이 다시 한번 '왜 가르치는가'라는 본질적 질문 앞에 서게 되고, 동시에 '어떻게 가르칠 것인가'에 대한 실제적 능력을 갖추게 되리라 믿습니다.

　귀한 시간과 헌신으로 내용을 집필해 주신 모든 집필자님들께 깊은 감사와 존경을 전합니다. 이 교재가 한국교회 교회학교 모든 선생님들에게 사역의 기쁨과 보람을 회복시키는 귀한 선물이 되기를 확신하며 기쁨으로 추천합니다.

▌**권진하 대표** (평생교육학 박사, 교회교육훈련개발원)

〈넥스트 교사 교육 시리즈〉가 출판됨을 진심으로 축하드립니다. 이 책은 교사 개인보다 부서의 교사 공동체가 함께 읽으며 교사의 정체성과 사명, 가르치고 양육함에 실제적 실천 사항을 알려주며 건강한 교사, 건강한 교회학교를 세워가는 데 큰 도움이 되는 책입니다. 또한 말씀안에서 믿음을 세우며 핵심을 알려주는 교사 교육의 정석이라 말할 수 있습니다. 교사라면 한 손에 성경을, 한 손에 이 책을 들고 읽고 실천하며 교회에 부흥의 선도자가 되기를 소망합니다.

▌**한민수 목사** (불로교회 담임, 어사연 대표)

교사의 가슴에 다시 소명의 불을 지피다! 다음 세대의 위기 속에서도 교사는 여전히 교회의 희망입니다. 〈넥스트 교사 교육 시리즈〉는 교사의 흔들리지 않는 신앙 정체성과 소명, 그리고 현장에 필요한 소통과 교수법까지 교사에게 꼭 필요한 기초 역량을 균형 있게 담아낸 수작입니다. 이 책은 단순한 교육 매뉴얼을 넘어, 우리 선생님들이 '영혼을 살리는 교사'로서의 뜨거운 가슴을 회복하도록 돕습니다. 다음 세대를 그리스도께로 인도하기 위해 애쓰는 모든 선생님께 이 책이 든든한 영적 나침반이자 실천적 길잡이가 되어주리라 확신하며 기쁘게 추천합니다.

▌**김형석 목사** (서울 지구촌교회 담임)

들어가며

넥스트교회교육원에서 '신입 교사를 위한 교재'를 만든다는 소식을 접했을 때 가슴이 뛰었습니다. 교회 현장에서 가장 필요하고 시급한 내용이라고 생각했기 때문입니다. 나 자신의 건강을 돌보고 세우는 일을 하는 것도 어려운 일입니다. 그러나 자신을 넘어 다음세대를 돌보고 섬기는 일을 하는 것은 얼마나 어려운 일일까요. 특히 처음 교사를 하는 분에게는 막막함이 더 할 것입니다. 가장 필요하고 시급한 이 책의 한 부분을 써내려가는 동안 자랑스러웠습니다. 선생님들을 섬기기 위해 탁월한 저자분들, 편집자분들과 동역할 수 있었기 때문입니다. 이 교재는 한번 보고 끝내기에는 너무나 아까운 책입니다. 교사를 시작하시면서, 섬기시면서, 교사 연차가 쌓여가면서도 이 책의 페이지도 지속적으로 펼쳐져야 합니다. 선생님을 위한 정수가 담겨 있기 때문입니다. 비록 책으로만 인사드리지만, 진심으로 선생님을 응원하고 싶습니다. 선생님은 하나님과 다음세대에 선물같은 존재입니다.

▎**정석원 목사** (1과 '신앙 정체성과 신앙생활', 오늘의교회 담임)

교회학교 교사로 임명되던 그 순간, 아마 수만 가지 생각이 스치셨을 겁니다. 어떤 분은 가슴 뜨거운 사명감으로 밤잠을 설쳤을 테고, 또 어떤 분은 "교사가 부족하니 도와달라"는 부탁에 얼떨결에 교사가 되었을지도 모릅니다.

그렇게 1년이 지나고, 10년이 흐르고, 어느덧 20년 가까이 아이들 곁을 지키는 선생님들도 계십니다. 그런데 참 이상합니다. 시간이 흐르면 익숙해질 법도 한데, 하면 할수록 이 길이 더 어렵고 막막하게만 느껴질 때가 많습니다. 솔직히 경력이 쌓인다고 해서 교사의 무게가 가벼워지는 것은 아니니까요. 오히려 알면 알수록 더 어렵고, 두려울 때가 많은 법입니다.

특히나 요즘처럼 빠르게 변하는 시대에는 더욱 그렇습니다. 디지털과 함께 탄생한 '알파세대', 그리고 그 이후의 아이들과 마주할 때마다 우리는 '내가 과연 이 아이들을 감당할 수 있을까?' 하는 두려움과 씨름해야 합니다.

본 교재는 교회학교 현장에서 이제 막 걸음마를 뗀 신입 교사의 마음도, 오랜 기간 헌신해 온 경력 교사의 마음도 함께 담았습니다. 본 교재를 통해 이 시대를 본받지 않고, 아이들의 신앙 성장을 위해 교사가 어떤 역할을 감당해야 하는지 성찰하는 유익한 시간이 되리라 믿습니다. 모쪼록 좋은 교사의 모델이신 예수 그리스도의 가르침을 따르고자 헌신하는 선생님들에게 곁에 두고 싶은, 반가운 지침서가 되기를 소망합니다.

▍이재영 교수 (2과 '교사의 부르심과 해야 할 일', 실천신대 유아교육과)

"좋은 교회학교는 좋은 교회학교 교사가 있는 교회학교입니다. 좋은 교회학교 교사가 되기 위해서는 열심히 준비하고 배워야 합니다. 이 교재를 공부하는 가운데 하나님께서 나를 교사로 부르셨다는 사실을 분명하게 깨닫기를 원하고, 아이들의 영혼을 뜨겁게 사랑하는 마음이 샘솟듯이 솟아나기를 기도하고, 어떻게 아이들과 소통하고 그들에게 말씀을 온전히 가르칠 수 있는지에 관한 지혜와 지식을 얻기를 소망합니다. 이름도 없이, 빛도 없이 최선을 다해 교회 교육의 현장에서 열심히 땀 흘리고 있는 모든 교회학교 교사들을 진심으로 응원하고 축복합니다!

▍김성중 교수 (3과 '교회교육의 이해', 5과 '성경 연구방법과 교수법', 장신대 기독교교육과)

교사로 하나님의 소중한 부르심 받은 여러분을 축복합니다. 교사의 역할 감당하는 데 준비해야 할 부분이 많습니다. 교사로서의 준비뿐만 아니라 학생을 이해하고 동행할 준비도 필요합니다. 그 여정에 도움 될 교재를 선물로 준비했습니다. 한 번의 집중 강의로 끝나는 것이 아니라 사역하는 동안 지속적으로 참고할 만한 내용입니다. 교재의 내용을 교사끼리 계속 나눈다면 사역의 기쁨이 배가 될 겁니다. 부디 지식을 넘어 경험으로 연결되어 나만의 훌륭한 교사용 교재가 되기를 기원합니다.

▌ **김민철 목사** (4과 '소통과 대화법', 언덕교회 담임)

본 교재는 넥스트교사교육시리즈 가운데 기초역량코스에 해당하는 첫 번째 책입니다. 신입교사이거나, 교사교육이 부족한 분들을 위해 교사의 기본기에 대해 다루고 있습니다. 저희 교육원은 한 교회의 교사교육을 진행할 때 교사들의 교육 정도와 상황을 파악하기 위해 서술형 설문조사를 시행하는데 교사가 어떤 일을 해야 하는지, 왜 해야 하는지, 또 교육의 목표는 무엇인지 이런 기본적인 질문에 답을 못하시는 분들이 매우 많았습니다. 또한 자신의 신앙생활조차 힘겨워 하는 분들도 적지 않았습니다. 따라서 이런 교사의 기본역량에 대해 명확히 배우실 수 있는 내용을 시리즈 첫 책에 담았습니다. 당연히 여러분의 가는 길은 쉽지 않습니다. 하지만 그 어려움을 통해 아이들은 살아납니다. 아이들의 상황, 상태와 상관없이 지지하고 응원해 주십시오. 모쪼록 이 책을 통해 하나님께서 신뢰하시는 견고한 교사가 되시길 소망하며 축복합니다.

▌ **김대욱 대표** (1~5과, 편집자, 넥스트교회교육원 대표)

넥스트 교사교육 시리즈

기초역량 코스

구분	순번	도서명	저자	주제
기초 역량 코스	1	나는 영혼을 살리는 교사입니다	정석원 목사 이재영 교수 김성중 교수 김민철 목사	신앙정체성과 신앙생활 / 교사의 부르심과 해야할 일 / 교회교육의 이해 / 소통과 대화법 / 성경 연구방법과 교수법

베이직 코스

구분	순번	도서명	저자	주제
베이직 코스	2	나를 보는 시선, 자아상	박하승 대표	나를 보는 시선, 자아상 / 하나님의 시선 / 신앙정체성과 소명
	3	이해하고 관계를 맺다	오경환 교수	발달의 이해 / 기질 성향의 이해 / 관계 맺기
	4	성경과 교리를 가르치다	김성중 교수	삼위일체 하나님 / 복음 / 성경 / 교회 / 십계명 / 사도신경 / 주기도문 / 세례와 성찬

사역연구 코스

구분	순번	도서명	저자	주제
사역 연구 코스	5	교수법과 교사리더십	김성중 교수	교수법 / 교사리더십
	6	영유아부 사역연구 1	이재영 교수	영유아부 사역이해 / 오감활동 / 오감활동실제 / 예배기획 / 소그룹활동
	7	영유아부 사역연구 2		부모가정관계사역 / 부모교육 및 새가족반운영 / 영유아 놀이지도법 / 발달특성 및 문제행동 코칭
	8	유치부 사역연구 1	이재영 교수	유치부사역의 이해 / 발달심리의 이해 / 소통과 관계맺기 / 소그룹 반목회 / 공과준비와 진행
	9	유치부 사역연구 2	우주랑 목사	프로그램활동과 전도 / 부모가정관계사역 / 성경동화 및 손유희 / 환경구성 교구교재활용
	10	유초등부 사역연구 1	유지혜전도사	유초등부 사역의 이해 / 발달심리의 이해 / 소통과 관계맺기 / 프로그램 활동과 전도 / 복음제시
	11	유초등부 사역연구 2	최창수 목사	심방과 아동상담 / 소그룹 반목회 / 공과의 준비와 진행 / 공과진행 실제
	12	청소년부 사역연구 1	정석원 목사	청소년부 사역의 이해 / 청소년 발달심리이해 / 청소년문화와 비행연구 / 소그룹 반목회 / 소통과 관계맺기
	13	청소년부 사역연구 2	김기훈 목사	복음제시 / 청소년 성교육과 이성교제 / 학업과 진로 상담 / 공과의 준비와 진행 / 공과진행 실제
	14	교사 상담 아카데미	김세영 교수	기독교상담의 이해 / 아동상담의 이해와 상담기법 / 청소년상담의 이해와 상담기법 / 발달장애의 이해

* 기초역량코스 1권, 베이직코스 3권, 사역연구코스 10권, 총 14권
* 교사 1인 총 교재 수 : 총 8권 (기초역량코스 1권 + 베이직코스 3권 + 사역연구코스 4권)

차례

추천사 × 04 | 들어가며 × 10 | 넥스트교사교육시리즈 × 13

1과 신앙 정체성과 신앙생활
정석원 목사

01 신앙인의 정체성은 무엇입니까? × 20
02 정체성이 흔들릴 때는 언제인가요? × 24
03 정체성으로 나를 어떻게 단련할 수 있을까요? × 27
04 신앙 정체성을 어떻게 지킬 수 있을까요? × 30
05 신앙생활을 어떻게 해야 할까요? × 33
06 신앙생활의 기본을 어떻게 실천할 수 있을까요? × 36
07 신앙생활이 흔들릴 때는 어떻게 해야 할까요? × 38
08 신앙생활을 지속하는 힘은 어디에서 올까요? × 42

2과 교사의 부르심과 해야 할 일
이재영 교수

01 교사의 부르심 × 50
02 교사가 해야 할 일 × 62

3과 교회교육의 이해
김성중 교수

01 교육이란 무엇인가? × 82
02 교회교육이란 무엇인가? × 84
03 교회학교 교사는 누구인가? × 88
04 교회학교에서 우리가 만나는 학습자는 누구인가? × 90
05 교회교육의 장은 어디이며, 시간은 언제인가? × 92
06 교회교육의 영역은 어떻게 되는가? × 94
07 교회력과 목회력을 강조하는 교회교육은 무엇인가? × 97
08 성경학교(수련회)를 강조하는 교회교육은 무엇인가? × 99

4과 소통과 대화법
김민철 목사
01 소통의 원리 × **106**
02 화가 날 때 × **110**
03 경청과 공감 × **112**
04 갈등, 칭찬 × **116**
05 충고, 조언 × **119**
06 공과 질문 × **121**

5과 성경 연구방법과 공과 교수법
김성중 교수
01 성경을 얼마만큼 알고 있나요? × **130**
02 공과 준비를 어떻게 하나요? × **133**
03 어떤 공과 교수법을 사용해야 하나요? × **139**

1과

신앙 정체성과 신앙생활

정석원 목사

신앙 정체성과 신앙생활

'첫 단추를 잘 꿰어야 한다'는 말이 있습니다. 시작이 잘못되면 진행이 순조롭지 않거나 좋은 결과를 얻기 힘들다는 뜻을 지닙니다. 우리도 마찬가지입니다. 교사로서 좋은 열매를 맺는 사역을 하기 위해서는 첫 시작이 중요합니다. 우리의 첫 단추는 무엇일까요? 바로 '신앙 정체성'과 '신앙생활'입니다. 신앙인으로서 '나는 누구인가?', '어떻게 살아갈 것인가?'와 같은 주제는 교사에게 있어서 가장 우선적이고, 근본적인 것이기 때문입니다. 이 챕터에서는 '신앙 정체성'과 '신앙생활'을 통해 참된 교사로서의 첫걸음을 살펴보겠습니다.

정석원 목사

- 총신대학교 신학대학원 목회학 석사 졸업
- Tri Ministry 대표
- 넥스트교회교육원 대표강사
- 총회 교육개발원 연구원
- 오늘의교회 담임목사

- 『청소년, 기도 많이 걱정 조금』
- 『청소년사역 핵심파일』
- 『청소년 교사를 부탁해』
- 『기독교 세계관이 필요해』
- 『다시 성경을 찾아줘』
- 『다음세대 목회 트렌드 2025, 2026』 외 다수 집필

목표

1. 교사로서의 사역 이전에 '그리스도인으로서 나는 누구인가?'를 확립한다.

2. 신앙인의 정체성이 흔들릴 때의 대처법에 대해서 알게 한다.

3. 신앙인의 정체성을 내면화하는 훈련을 지속하도록 돕는다.

4. 신앙생활의 기본요소를 살펴보고, 종교생활과의 차이를 이해함으로써 건강한 신앙생활에 대한 방향을 제시한다.

5. 학생들의 신앙적인 모델인 교사로서 지속가능한 신앙 성장을 결단하게 한다.

안내

신앙 정체성과 신앙생활에 대하여 단편적이기보다 다각도로 알아보고자 합니다.
단순히 개인이나 공동체 사람들의 정보를 얻는 데 국한하지 않고,
나눔을 통해 서로를 위해 기도할 수 있는 과정이 되었으면 좋겠습니다.
개인적인 적용을 동료 교사들과 함께 고민하여 나눠보는 것도 큰 도움이 될 것입니다.
특히 이번 장에서는 여러 신앙의 저자들이나 저작들을 많이 소개하였습니다.
더 깊이 있는 연구를 위해서 소개한 내용을 함께 찾아보시면 좋겠습니다.

01
신앙인의 정체성은 무엇입니까?

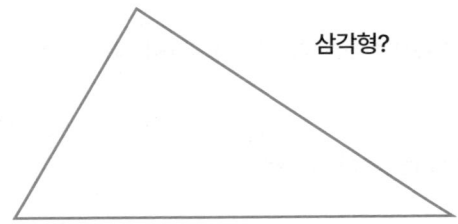

'**정체성**(Identity)'이라는 말은 사전적으로 '변하지 않는 존재의 본질'을 의미합니다. 예를 들어 '삼각형'은 '세 변으로 이루어진 도형'이라는 정체성을 가지고 있습니다. 이 본질은 삼각형의 크기와 색깔이 바뀌어도 변하지 않습니다.

동화 속 미운 오리 새끼는 다른 오리들과 다르게 생겼다는 이유로 늘 따돌림을 받았지만, 어느 날 물에 비친 자신의 모습을 보며 자신의 정체성이 백조임을 깨닫게 됩니다. 인어공주는 인간 세상에 대한 동경으로 육지로 나아가지만, 결국 자신이 바다의 존재임을 깨닫습니다.

이와 같이 정체성은 내가 누구이며, 어디에 속한 존재인지를 아는 것입니다. 우리의 상황이나 역할, 성취 등과 같은 외적인 요소에 의해 바뀌지 않습니다. 모든 외적 요소를 걷어내고도 최종까지 남는 내적 중심이 바로 정체성입니다.

Q 유·무형의 내가 가진 것들 중, 나의 정체성을 가장 잘 드러내는 것은 무엇인가요? 그리고 그것이 왜 나를 잘 나타낸다고 생각하나요? 그림으로 표현해도 좋습니다.

일반적으로 사람들은 자신의 정체성을 성취나 자격에서 찾습니다. 그러나 우리 그리스도인의 정체성은 자격으로 얻는 것이 아니라 은혜로 얻은 신분이자 특권입니다. 세상에서는 사람의 가진 것으로 비교하고 평가하지만, 신앙인은 은혜로 받은 신분으로 살아갑니다.

Q 그리스도인만이 가지고 있는 정체성이 있다면 무엇이라고 생각하나요?

―――――――――――――――――
―――――――――――――――――
―――――――――――――――――

> 영접하는 자 곧 그 이름을 믿는 자들에게는 하나님의 자녀가 되는 권세를 주셨으니 요 1:12

그리스도인의 정체성을 이해할 때 B.C.A.가 중요합니다. Before(이전), Christ(그리스도), After(이후) 이 세 단어로 표현할 수 있습니다. 즉, 그리스도를 만나기 전과 후가 완전히 다르다는 뜻입니다. 그리스도를 영접하기 전에는 죄인이었지만, 예수 그리스도의 십자가와 부활을 믿음으로써 하나님께서 의인으로 받아주셨습니다. 예수님을 믿기 전과 믿은 후의 삶은 180도 달라집니다. 우리의 정체성은 하나님께 칭함받은 의(義)입니다.

> 그런즉 누구든지 그리스도 안에 있으면 새로운 피조물이라 이전 것은 지나갔으니 보라 새 것이 되었도다 고후 5:17

그리스도인의 정체성은 나의 과거, 상처, 죄악이 지배하지 않습니다. 오직 예수 그리스도의 사랑과 희생이 정체성을 시작하게 하고, 다스립니다. 우리의 정체성은 하나님의 사랑을 받은 자녀들입니다.

> 그러나 우리의 시민권은 하늘에 있는지라 거기로부터 구원하는 자 곧 주 예수 그리스도를 기다리노니 빌 3:20

그리스도인의 정체성은 하나님 나라에 있습니다. 우리는 나의 옛 습관과 욕망에 의해 다스림을 받지 않고, 오직 왕이신 하나님의 통치를 받는 사람들입니다. 우리의 가치와 우선순위를 가르는 기준은 바로 하나님 나라입니다. 우리의 정체성은 하나님의 다스림을 받는 백성입니다.

오스 기니스(Os Guinness)는 그의 책 《소명(The Call)》에서 '신앙인의 정체성은 어디에 뿌리를 내리는가'에 있다고 말합니다. 그리스도인은 '무엇을 하는가'가 아니라 '누가 부르셨는가'에 뿌리 내린 사람이며, 이를 중심으로 살아가는 사람이라는 것입니다. 그러므로 신앙 정체성은 우리를 부르신 하나님께 중심을 둘 때 올바로 설 수 있습니다.

Q 지난 한 주간 내가 자주 했던 결정의 3가지는 무엇이었나요? 그 결정들의 공통점이 있다면 무엇인가요?

> "당신이 선택을 할 때마다 당신의 중심부를 조금씩 바꾸고 있다."
> - C.S. 루이스 (Clive Staples Lewis) 《순전한 기독교》

그리스도인의 정체성은 내가 날마다 하는 선택에 따라서 분명해지거나 흐려지게 됩니다. 예를 들어 다툼을 일으킬 상황에서 분노가 아닌 인내를 선택한다면, 신앙인으로서의 정체성이 더 명확해지고 선명해집니다 (마 5:9, 약 1:19-20).

02

정체성이 흔들릴 때는 언제인가요?

Q 신앙인으로서 정체성이 흔들릴 때가 있다면 언제인가요?

> 그러므로 우리가 흔들리지 않는 나라를 받았은즉 은혜를 받자 이로 말미암아 경건함과 두려움으로 하나님을 기쁘시게 섬길지니 히 12:28

우리의 정체성은 흔들릴 수 있습니다. 믿음은 흔들리지 않는 것이 아닙니다. 흔들리더라도 다시 믿음의 중심을 바로 잡는 것입니다. 마치 오뚜기처럼 하나님을 믿는 사람은 흔들리고 넘어지더라도, 다시 하나님께 나아오는 사람입니다.

신약성경 히브리서는 흔들리는 신앙 정체성을 붙들어 주기 위한 목회적 권면서라고 볼 수 있습니다. 당시 그리스도인 중에서 나태함과 게으름, 죄의 미혹과 로마의 박해로 인해 신앙 정체성이 흔들리는 이들이 많았습니다. 성경은 이러한 문제에 대해 이들이 어떤 정체성을 갖기를 원합니까? 키워드를 중심으로 정리해 보세요.

흔들리는 상황	히브리서의 권면
나태함과 게으름	히 6:1, 11-12
죄의 미혹	히 12:1-2
로마의 그리스도인에 대한 박해	히 10:35-39

신앙인으로서 정체성이 흔들리는 이유들은 다양했지만 하나의 공통점을 지니고 있었습니다. 믿음의 초점이 하나님께 있기보다 본인이나 상황에 있었습니다. 신앙인의 정체성은 언제나 모든 믿음의 초점을 하나님께 두는 것에서 시작합니다.

Q 히브리서 11장에 나오는 믿음의 인물 중, 가장 나와 닮았다고 생각되는 인물은 누구인가요? 또 그 이유는? 그리고 그의 어떤 점을 본받고 싶나요?

인물:

이유:

본받고 싶은 점 :

믿음이 없이는 하나님을 기쁘시게 하지 못하나니 하나님께 나아가는 자는 반드시 그가 계신 것과 또한 자기를 찾는 자들에게 상 주시는 이심을 믿어야 할지니라
히 11:6

03

정체성으로 나를 어떻게 단련할 수 있을까요?

> 그리스도께서 사람을 부르실 때 내게 와서 죽으라고 부르신다.
> - 디트리히 본회퍼(Dietrich Bonhoeffer) 《나를 따르라》
>
> ≫ 그리스도인의 삶은 편안한 종교생활이 아니라 순종의 결단과 헌신이라는 의미

> 예수님에 대한 믿음은 그분의 제자훈련과 분리될 수 없다. 그가 가르치신 것을 배우고 행하는 삶이다.
> - 달라스 윌라드(Dallas Albert Willard) 《하나님의 모략》
>
> ≫ 그리스도인의 정체성은 결코 삶과 분리 될 수 없다는 의미

Q Not To Do List(낫 투 두 리스트; 하지말아야 할 일)

성경에서 그리스도인의 정체성을 위해 피해야 할 것을 키워드로 정리한 목록입니다. 이 중에 3가지를 고르고 이유를 말해봅시다.

분노	다툼	시기	탐심	음란(행동-언어)	정죄
교만	자기 자랑	거짓	불안	게으름	가식

이유:

1과 신앙 정체성과 신앙생활

Q To Do List(투 두 리스트; 해야 할 일)
그리스도인으로서의 정체성을 위해 매일 실천할 수 있는 3가지는 무엇인가요?

망령되고 허탄한 신화를 버리고 경건에 이르도록 네 자신을 연단하라 딤전 4:7

디모데전서 4장 7절의 '연단하라'는 헬라어로 '귐나조$^{\gamma\upsilon\mu\nu\alpha\zeta\omega}$'이며, 이는 운동선수가 경기하기 위해 몸을 단련하고 훈련하는 것에서 유래됐습니다. 즉, 그리스도인의 정체성을 지닌 사람은 꾸준하고 의도적인 훈련이 필요함을 강조하는 말씀입니다.

성경에서는 그리스도인의 정체성을 위해서 단순히 '하지 말라'에 그치지 않습니다. '벗고-입는다(put off/put on)'는 표현을 사용해서 적극적으로 정체성을 위해 애쓰라고 말합니다.

- 에베소서 4:22-24
- 골로새서 3:9-10
- 로마서 13:12-14

Q 나를 상대방에게 소개할 때 어떤 문장을 사용해서 소개하고 싶습니까? 중간에 "그러나"를 사용해서 자신의 정체성의 의미가 포함된 문장을 완성해 보세요. (예를 들어, '저는 가난합니다' 그러나 '예수님의 사랑으로 부요합니다')

_____

그러나 _____

_____

_____

1과 신앙 정체성과 신앙생활

04 신앙 정체성을 어떻게 지킬 수 있을까요?

'우리가 하나님의 자녀'라는 정체성은 변하지 않지만, 그 사실을 나의 중심에 두는가, 그렇지 않는가에 따라서 영향력이 달라질 수 있습니다. 성경에서 "모든 지킬 만한 것 중에 네 마음을 지키라"(잠 4:23)고 말씀하신 것처럼 우리 신앙의 정체성을 지켜야 합니다.

그리스도인인 나의 정체성을 지키는 매우 좋은 방법 중 하나는 글과 말로 표현해 보는 것입니다. 나의 정체성에 대해 정의를 내리고, 다짐하는 내용으로 선언문을 작성해 보세요. 선언문이 아니라 기도문이나 편지문 형태여도 좋습니다.

》 나만의 신앙인의 정체성 선언문을 작성하기 전에 아래의 기준을 따라 써보세요.
- 꼭 길지 않아도 괜찮습니다. 외울 수 있는 정도로 써야 합니다.
- 개인적이고 행동으로 옮길 수 있는 문장을 쓰는 것이 좋습니다.
- 현재형 + 선언형으로 쓰는 것이 좋습니다 ('나는 지금 ~ 이다' + '나는 ~ 할 것이다')
- 성과나 성취가 아니라 은혜를 중심으로 써보세요.
  ('나는 ~을 이룰 것이다' 보다는 '나는 ~ 주신 은혜를 기억하며 살아갈 것이다')
- 나의 신분(Who) → 나의 방향(Why) → 나의 구체적 행동(How) 순으로 작성해 보세요.

신앙 정체성 선언문 예시

나 ○○○은(는) 은혜로 부르심을 받은 하나님의 자녀이자 사명자다. 그러므로 나는 비교와 정죄에 매이지 않고, 하나님의 은혜를 기준으로 나를 대할 것이다. 나는 시간을 구별하여 날마다 하나님을 예배하고 하나님의 말씀을 묵상할 것이다.

Q 신앙 정체성 선언문을 쓰고 서로 나눠보세요.

신앙의 본질적인 정체성은 구원 이후 변하지 않습니다. 하나님의 자녀로 택함을 받은 것은 우리의 노력이 아니라 하나님의 선택이기 때문입니다. 다만 관계의 변화가 아니라 하나님과의 교제가 부족하면 우리는 그 본질과 멀어지게 됩니다. 그래서 본질인 신앙 정체성을 굳건히 하고, 하나님께서 주시길 원하시는 풍성한 삶을 위해 우리는 올바른 신앙생활을 해야합니다.

> **관계와 교제의 차이점 (누가복음 15:11-32)**
>
> 둘째 아들이 집을 떠나 먼 나라로 떠났어도 아버지와 아들의 관계는 변하지 않습니다. 하지만 아버지와의 교제는 끊어진 것입니다. 하나님과의 관계도 마찬가지입니다. 우리가 하나님의 자녀가 된 이후 신앙생활을 하지 않고 교회를 떠나 있더라도 하나님과의 관계는 변하지 않지만 하나님과의 교제는 끊어진 것입니다. 이 변하지 않는 관계는 우리의 상황과 상관이 없기 때문에 우리가 잠시 힘들고 하나님을 떠나 있어도 다시 돌아갈 수 있는 근거가 됩니다.

05 신앙생활을 어떻게 해야 할까요?

Q 당신이 생각하는 신앙생활은 무엇인가요?

신앙생활은 하나님과의 일대일의 관계를 맺는 것입니다(오스왈드 챔버스 Oswald Chambers). 우리가 교회에서 예배를 드리고, 기도하며, 찬양을 하는 것은 그 관계 안에서 누리는 신앙의 고백과 표현이지, 그것이 신앙생활의 목적이자 정의라고 할 수는 없습니다. 신앙생활의 최종적인 목적은 하나님과 인격적인 교제를 나누고, 그분의 사랑을 누리는 것입니다. 하나님과 인격적인 교제를 위해 우리는 예배하고 말씀을 묵상하며 기도해야 합니다.

Q 신앙생활은 종교생활과 어떻게 다르다고 생각하시나요? 생각나는 차이점을 적어보세요.

열왕기상 18:26-28의 바알 선지자들은 큰 소리로 부르짖고 몸을 상하게 하며, 신을 움직이려 했습니다. 이는 하나님과의 관계보다 형식과 행위에 의존하는 종교생활의 모습입니다. 이런 태도는 하나님을 인격이 아닌 힘으로 여기게 하고, 응답이 없을 때 불안과 강박에 빠지게 합니다. 반면 참된 신앙은 인간의 노력으로 신을 조종하려는 것이 아니라, 하나님의 말씀을 신뢰하고, 순종하는 풍성한 관계 속에서 자라납니다.

> 내 안에 거하라 나도 너희 안에 거하리라 가지가 포도나무에 붙어 있지 아니하면 스스로 열매를 맺을 수 없음 같이 너희도 내 안에 있지 아니하면 그러하리라
> 요 15:4

Q 내게 있는 종교생활의 모습은 무엇이 있나요?

스카이 제서니(Skye Jethani)는 그의 책 《위드》에서 하나님과 관계 맺고 교제하는 유형을 다섯 개의 단어로 표현합니다.

① 하나님 **아래** - Under 언더 (규칙을 지키면 복 받음)
② 하나님 **위에** - Over 오버 (세상은 원리·법칙으로 작동, 하나님은 사실상 불필요)
③ 하나님으로 **부터** - From 프롬 (하나님은 복의 공급자, 나는 수혜자)
④ 하나님을 **위해** - For 포 (사명완수와 성과가 중요)
⑤ 하나님과 **함께** - With 위드 (하나님과의 교제가 최대 목적임)

그는 위의 다섯가지 교제 유형 중에 마지막인 '하나님과 함께(WITH God)'를 추구해야 한다고 주장합니다. 하나님과의 교제에서 오는 결과(혹은 열매)를 추구하는 것이 아니라 하나님 그분 자체를 추구하는 방식에 가장 가깝기 때문입니다. 하나님의 자녀로서 하나님과의 교제를 맺는 목적은 '하나님이 주시는 무엇'이 아니라, '하나님 자신'이 되어야 합니다.

Q 지금 나의 신앙생활에서 '하나님과 함께(With)'보다, 다른 형태(Under, Over, From, For)가 드러나는 것이 있다면 무엇일까요? 그리고 그것을 어떻게 바꿀 수 있을까요?

AW토저(Aiden Wilson Tozer)는 하나님과의 교제에 있어서 '응시'라는 단어를 자주 사용합니다. 그는 자주 눈을 감고 '예수님, 제가 주님을 바라봅니다'라고 고백했습니다. 건강한 신앙생활을 위해서는 자주, 집중해서 주님을 생각하고 묵상하며, 바라보는 것입니다.

06

신앙생활의 기본을 어떻게 실천할 수 있을까요?

Q 신앙생활의 기본요소가 있다면 무엇일까요?

존 스토트(John Stott)는 그의 책 《그리스도인의 확신》에서 신앙생활의 기본요소를 네 가지로 제시합니다. '성경읽기와 기도', '교제와 성만찬', '예배의 삶', '본이 되는 삶'입니다. 이것은 지적으로 하나님을 알아가는 것과 삶에서 하나님을 경험하는 것, 의지적으로 하나님을 따르는 것을 말합니다. 신앙생활은 이런 기본적인 요소를 지키며 살기 위한 몸부림이자, 전력을 다하는 싸움입니다.

Q 신앙생활의 기본요소를 구체적으로 어떻게 실천할 수 있을까요? 아래의 목록에 따라 작성해보세요.

What 무엇을		성경읽기, 기도하기, 영성일기 쓰기, 감사일기 쓰기 등 구체적으로 쓰기
When 언제		시작과 끝, 예) 아침 8시부터 8시 30분
Where 어디서		묵상 장소, 예로 거실, 강의실, 예배실
Who 누구		파트너, 예로 부서 공동체, 친구, 혹은 혼자
How 어떻게		예) 성경읽기라면 맥체인식 　　성경읽기, 하루에 한 장 읽기 등

Q 우리 부서에서는 서로의 신앙생활을 돕기 위해 어떻게 연합할 수 있을까요? 부서 내에서 신앙생활을 세우기 위해 할 수 있는 동역을 논의해 보고 작성해 봅시다.

> 서로 돌아보아 사랑과 선행을 격려하며 모이기를 폐하는 어떤 사람들의 습관과 같이 하지 말고 오직 권하여 그 날이 가까움을 볼수록 더욱 그리하자 히 10:24-25

폴 투르니에(Paul Tournier)는 이 세상에서 혼자 할 수 없는 것을 두 가지로 정리했습니다. 바로 결혼하는 것과 그리스도인이 되는 것입니다. 신앙생활은 각자도생이 아니라 상부상조입니다. 한 공동체에서 서로의 신앙을 위해 동역하고, 격려하며, 기도하는 것입니다.

07

신앙생활이 흔들릴 때는 어떻게 해야 할까요?

Q 나의 현재 신앙생활을 점수(1-100점)로 매겨본다면 몇 점 정도인가요? 그 이유는 무엇인가요?

1-20점	응급상황	영적피로, 경건생활 중단
21-40점	응급안정	들쑥날쑥, 번아웃 직전
41-60점	회복과 치유	쉽게 무너짐, 성과중요
61-80점	빌드업	습관 형성중, 갈수록 성장
81-100점	벌크업	순종의 열매, 평안과 충만

나의 현재 신앙생활 점수 :

이유 :

> 너희는 믿음 안에 있는가 너희 자신을 시험하고 너희 자신을 확증하라 예수 그리스도께서 너희 안에 계신 줄을 너희가 스스로 알지 못하느냐 그렇지 않으면 너희는 버림 받은 자니라 고후 13:5

Q 나의 신앙생활이 흔들리게 되는 주된 이유가 있다면 무엇인가요?

마틴 로이드존스(David Martyn Lloyd-Jones)는 그의 책 《영적침체》에서 신앙생활이 흔들리게 되는 이유 중에 하나를 '거짓 확신'으로 꼽았습니다. 하나님의 신실하심과 약속을 붙잡기보다는 나 자신의 감정과 부정적인 현실을 확신하기 때문이라는 겁니다. 하나님이 아닌 다른 것을 신뢰할 때 우리의 신앙생활은 흔들리게 됩니다.

1. 사단

성경은 사단을 '거짓의 아비'(요 8:44), '속이는 자'(계 12:9), '시험하는 자'(마 4:3)라고 말합니다. 사단은 믿는 사람의 영혼을 직접 빼앗을 수는 없지만, 의심과 두려움, 거짓과 교만, 나태함과 타협 등으로 죄를 짓게 하여, 궁극적으로 하나님으로부터 멀어지게 만듭니다. 다음은 사단이 하는 일입니다.

- 의심하게 만듭니다 [창 3:1-5, 마 4:3]

"정말 하나님이 너를 사랑하실까?", "기도해도 아무 일도 안 일어나잖아", "너의 모습을 봐, 이러고도 네가 하나님의 일꾼이야?" 이런 생각으로 모든 초점을 완전하신 하나님이 아닌 불완전한 나에게 집중하게 하고, 본질을 왜곡하여 하나님의 신실하심을 의심하게 만듭니다.

- **두려움과 낙심을 심습니다** [벧전 5:7-9]

  나의 실수를 집중 공격합니다. 문제를 크게 보이게 하고, 하나님은 작아 보이게 합니다. 그래서 문제를 놓고 기도하게 만들기보다는 걱정이 앞서고, 사람의 계획이 우선되게 만듭니다.

- **말씀과 기도, 예배를 멀어지게 합니다** [마 26:41, 약 4:7-8]

  사단은 우리에게 핑계와 타협의 마음을 심어, 성경을 읽지 못하게 하고, 예배와 기도를 소홀하게 합니다. 그렇게 하나님과의 교제를 끊어 영적으로 점점 무디어지게 합니다.

2. 말씀의 뿌리가 깊지 않기 때문에

> 돌밭에 뿌려졌다는 것은 말씀을 듣고 즉시 기쁨으로 받되, 그 속에 뿌리가 없어 잠시 견디다가 말씀으로 말미암아 환난이나 박해가 일어날 때에는 곧 넘어지는 자요 마 13:20-21

신앙이 흔들리는 것은 신앙의 기초가 말씀 위에 굳게 세워지지 않았기 때문입니다. 단순히 말씀을 많이 읽지 않아서만은 아닙니다. 그러나 말씀을 읽지 않으면 그 말씀에 의지하는 신앙으로 자라기 어렵습니다. 또한 말씀의 뿌리가 얕다는 것은 말씀을 머리로만 알고, 순종의 삶으로 연결하지 못한다는 것입니다. 말씀을 듣고 감동받아도 생활 속에서 실천하거나 묵상하지 않으면, 그 감동은 금세 사라집니다.

3. 공동체에서 떨어져 있기 때문에

신앙생활을 모닥불에 비유하기도 합니다. 불이 붙은 장작 하나는 쉽게 꺼지고 맙니다. 하지만 여러 개의 불이 붙은 장작은 쉽게 꺼지지 않습니다. 신앙생활도 마찬가지입니다. 그리스도인들의 모임인 교회 공동체를 통해 신앙생활은 더 성장하고, 성숙하게 됩니다.

> 모이기를 폐하는 어떤 사람들의 습관과 같이 하지 말고 오직 권하여 그 날이 가까움을 볼수록 더욱 그리하자 히 10:25

4. 감정에 의존하기 때문에

우리 신앙의 근거는 감정에 있지 않습니다. 기도와 찬양을 하며 눈물을 흘리고, 큰 전율을 느꼈다고 신앙이 크게 성장했다고 할 수는 없습니다. 우리의 신앙은 환경에 쉽게 변할 수 있는 감정에 좌우되는 것이 아니라, 변하지 않는 진리인 성경 말씀에 근거하고 있기 때문입니다. 감정은 신앙을 표현하는 도구이고, 자연스럽게 믿음에 따라오는 것입니다. 아이들을 향해서도 마찬가지입니다. 수련회에서 '누가 눈물을 흘렸어'로 판단하기보다는, 아이들이 고백하는 경험을 하고, 신앙의 습관을 형성하는 과정으로 이해되어야 합니다.

Q 시편 42편을 읽고, 신앙을 회복하도록 돕는 에너지에 해당되는 구절을 찾아보세요. 그리고 나눠보세요.

08
신앙생활을 지속하는 힘은 어디에서 올까요?

Q 나의 주변에 꾸준한 신앙생활로 본이 되는 분이 계신가요? 그 분에게서 배울 점은 무엇인가요?

─────────────────────────
─────────────────────────
─────────────────────────
─────────────────────────

우리의 믿음의 본은 예수 그리스도이시지만 주변의 동료나 성도의 삶을 통해서도 배울 수 있어야 합니다. 물론 완벽한 사람은 없지만 그분의 노력, 본이 되는 요소를 적극적으로 수용하고 닮아가야 합니다. 우리의 동역자는 서로가 신앙으로 바로 서기 위한 디딤돌이자 지지대로 부름을 받았습니다.

Q 신앙생활을 지속하는데 있어 가장 놓치기 쉬운 것은 바로 우리의 몸입니다. 공부는 엉덩이(앉아있기)로 한다는 말이 있는 것처럼, 우리 신앙도 꼭 있어야 할 자리에 포기하지 않고 몸을 두어야 합니다. 나는 어떤 자리를 결코 포기하지 말아야 할지 생각해 보고 나눠봅시다.

C.S 루이스는 그의 책《스크루테이프의 편지》에서 매일마다 우리의 육체가 하는 일이 영혼에 지대한 영향을 끼친다는 것을 강조합니다. 예배의 자리, 말씀과 기도, 교제의 자리를 포기하지 않고 사수할 때 신앙생활은 지속될 수 있습니다.

Q 아래는 성경에서 이분에 대해 소개하는 내용입니다. 이분은 누구일까요?

우리의 연약함을 도우시는 분 롬 8:26	말씀을 깨닫고 기억나게 하시는 분 요 14:26
진리 안에서 인도하시는 분 요 16:13	우리 안에서 새 힘을 주시는 분 엡 3:16
공동체를 세우게 하시는 분 엡 4:3	사랑을 잃지 않게 하시는 분 롬 5:5

신앙 생활을 지속하기 위해서는 우리의 의지가 중요합니다. 그러나 의지만으

로는 부족합니다. 성경은 우리의 연약함을 도우시고, 진리 안에서 믿음 생활을 지속할 수 있도록 돕는 분이 계심을 말씀합니다. **그분이 바로 성령님입니다.**

때로는 우리의 의지와 믿음이 갈대처럼 흔들려도 쉽게 뽑히지 않습니다. 왜냐하면 완전하신 성령님이 우리와 동행하시고, 늘 우리를 앞서 인도하시기 때문입니다.

Q 우리의 삶 속에서 성령님과 동행한다는 것은 무엇을 말하는 것인가요?

Q 요즘 나의 신앙 생활에서 성령님의 붙드심이 필요한 부분은 무엇인가요?

Q 앞으로 교사로서 '성령님만 의지하며 살겠다'는 결단을 한 문장으로 표현해 보세요.

❶ 이 과를 통해 새롭게 알고 느끼고 깨닫게 된 점은 무엇입니까?

❷ 나의 신앙 정체성에 구체적으로 적용할 점은 무엇입니까?

❸ 나의 신앙 생활에 새롭게 실천해야 할 점은 무엇입니까?

2과

교사의
부르심과
해야 할 일

이재영 교수

교사의 부르심과 해야 할 일

'교사의 부르심과 해야 할 일'은
교사가 하나님께 받은 소명과 정체성을 확립하고,
자신이 속한 부서 전체의 큰 그림을 이해하기 위한 것입니다.
그리고 부서 안에서 자신의 역할을 찾아 부서와 가정,
아이들을 위한 교육을 실천할 수 있어야 합니다.

이재영 교수

- 실천신학대학원대학교 유아교육
- 총신대학교교육대학원 유아교육 석사 졸업
- 웨스터민스터신학대학원 목회학 석사 졸업
- 백석대학교기독교전문대학원 교육학 박사 졸업
- 영유아교회교육연구소 / 넥스트교회교육원 대표강사 /
  넥스트영유아아동연구소장

목표

1. 교사의 소명과 정체성을 확립합니다
2. 교사의 3대 사명(교육, 양육, 돌봄)의 의미를 이해하고 실천을 다짐합니다
3. 섬길 부서와 아이들을 파악하고 구체적인 기도를 실천합니다.
4. 주일 사역, 가정 연계, 동역 등 교사의 실제적인 역할을 이해하고 계획합니다.
5. 자신의 자질을 점검하고 지속적인 성장을 계획합니다.

안내

교사가 '무엇을 할까'를 고민하기 전에
'나는 누구인가'를 먼저 확립하는 것이 중요합니다.
따라서 각 질문 앞에서 교사의 부르심을 깊이 들여다보고,
자신이 속한 부서와 아이들을 떠올리며 기도하는 마음으로 임하기를 소망합니다.

교사의 부르심

1. 부르심, 소명(召命)

1) 하나님의 부르심

Q 하나님께서 나를 교사로 부르셨다는 사실을 진심으로 믿으십니까?

Q 그렇게 믿는 이유는 무엇입니까?

하나님께서는 자신의 일을 이루시기 위해 일꾼을 찾으시고, 그들을 부르셔서 사용하십니다. 성경의 여러 사례를 통해, 하나님께서 어떤 사람을 찾으시고 부르시는지를 함께 살펴봅시다.

① 모세

> 모세가 여호와께 아뢰되 오 주여 나는 본래 말을 잘 하지 못하는 자니이다 주께서 주의 종에게 명령하신 후에도 역시 그러하니 나는 입이 뻣뻣하고 혀가 둔한 자니이다 출 4:10

Q 하나님께서 부르셨을 때 모세의 상황은 어떠했나요?

40년간 광야 생활을 하다가, 호렙산에서 부르셨을 때 모세의 나이는 80세 노인이었습니다. 하나님께서 떨기나무 불꽃 가운데 그를 부르셨을 때, 모세는 자신이 말을 잘 못하는 사람이라 지도자의 자격이 없다고 변명했습니다. 그러나 하나님은 그의 연약함을 모두 아셨고, 오히려 그 연약함을 통해 일하시겠다고 약속하셨습니다.

② 사무엘

> 여호와께서 임하여 서서 전과 같이 사무엘아 사무엘아 부르시는지라 사무엘이 이르되 말씀하옵소서 주의 종이 듣겠나이다 하니 삼상 3:10

Q 하나님께서 부르셨을 때 사무엘의 상황은 어떠했나요?

하나님은 성전에서 잠들어 있던 어린 사무엘을 부르셨습니다. 처음에는 그 음성을 분별하지 못했지만, 제사장 엘리의 도움으로 사무엘은 네 번째 부르심에 비로소 올바르게 응답할 수 있었습니다. 이처럼 하나님의 부르심은 때로는 우리에게 혼란스럽고 불확실하게 느껴질 수 있습니다. 그러나 우리를 향한 하나님의 부르심에는 결코 실수가 없습니다.

③ 바울

> 사울이 길을 가다가 다메섹에 가까이 이르더니 홀연히 하늘로부터 빛이 그를 둘러 비추는지라. 땅에 엎드러져 들으매 소리가 있어 이르시되 사울아 사울아 네가 어찌하여 나를 박해하느냐 하시거늘 행 9:3-4

Q 하나님께서 부르셨을 때 바울의 상황은 어떠했나요?

바울의 부르심은 하나님의 주권적인 사건이었습니다. 바울은 교회를 무너뜨리는 일을 자신의 사명으로 여겼던 사람이었기 때문입니다. 결국 부르심은 나의 선택이 아니라 하나님의 주권적인 역사입니다.

Q 하나님께서 일꾼으로 부르시는 사람은 누구입니까?

Q 자격 없고 부족하다고 느끼는 나를 교사로 부르신 이유를 고백해 봅시다.

2) 부르신 목적

> …내가 온 것은 양으로 생명을 얻게 하고 더 풍성히 얻게 하려는 것이라 요 10:10b

목자되신 예수님께서 이 땅에 오신 목적은 양된 우리에게 '생명'을 주시고, '더 풍성하게' 하려 하시는 것입니다.

Q '생명을 얻게 하고'는 무엇을 의미하는 것인가요?

Q '더 풍성히 얻게 하려는 것'은 무엇을 의미하는 것인가요?

'풍성히'는 헬라어 '페리쏘스$^{περισσός, perissos}$'로, '충분히'라는 의미가 아니라, '차고 넘쳐흐르는 상태'를 말합니다. 따라서 '더 풍성히 얻게 하려는 것'은 하나님께서 주시는 영광스러운 채우심, 곧 무한히 흘러넘치는 공급을 의미합니다.

이것은 단지 물질적 풍요만을 의미하지 않습니다. 하나님의 자녀로 평생 주안에서 자라가며, 하나님과 동행하는 삶, 예수님의 제자로 사명을 다하는 삶을 끝까지 살도록 무한히 영적으로 충만하게 하신다는 뜻입니다.

따라서 예수님의 이 목적에 동참하도록 부름받은 교사는 이 '풍성한 생명'에 먼저 참여한 자로서 그 생명을 다음세대에게 전하고, 이들이 하나님께서 주시는 풍성함을 맛보며, 각자의 삶 가운데 맡기신 소명을 찾아가도록 도와야 합니다.

Q 내가 교회에서 아이들을 가르치는 목적은 무엇일까요?

3) 부르심, 소명을 확인하기

> 오직 주께서 각 사람에게 나눠 주신 대로 하나님이 각 사람을 (부르신) 그대로 (행하라) 내가 모든 교회에서 이와 같이 명하노라 고전 7:17

》 첫째, 우리는 먼저 그리스도인으로 부르심을 받았습니다.

'부르심'의 원어인 '케클레켄 κέκληκεν'은 이미 부르셨음을 말합니다. 이는 우리를 믿음으로 구원하여 그리스도와 하나 되게 하시려고, 하나님께서 이미 이루신 주권적인 초대를 의미합니다. 우리에게 '가르치라'는 사명을 주시기 전에, 먼저 '하나님의 자녀'라는 정체성(Identity)을 주시는 부르심입니다.

Q 당신은 구원받은 하나님의 자녀인가요? 당신의 정체성은 예수님으로부터 시작된다고 생각하나요?

》 둘째, 하나님은 나를 교사로 부르셨습니다.

> 너희가 나를 선생이라 또는 주라 하니 너희 말이 옳도다 내가 그러하다 내가 주와 또는 선생이 되어 너희 발을 씻었으니 너희도 서로 발을 씻어 주는 것이 옳으니라 내가 너희에게 행한 것 같이 너희도 행하게 하려 하여 본을 보였노라 요 13:13-15

예수님은 스스로를 '선생(Teacher)'으로 부르셨습니다. 교사는 예수님의 사역을 본받고 이어가는 사람으로 곧 예수님의 교훈 사역에 동참한, 가장 예수님을 닮아야 하는 제자입니다.

> 그가 어떤 사람은 사도로, 어떤 사람은 선지자로, 어떤 사람은 복음 전하는 자로, 어떤 사람은 목사와 교사로 삼으셨으니. 이는 성도를 온전하게 하여 봉사의 일을 하게 하며 그리스도의 몸을 세우려 하심이라 엡 4:11-12

현재 당신이 교사로 서 있는 이유는 스스로의 선택이 아니라 앞선 말씀처럼 주의 교회를 세우기 위해 **하나님께서 선택**하셨기 때문입니다. 그러므로 교사는 하나님의 부르심과 은사에 의해 세워진 소명자입니다.

소명(召命)이란 하나님의 부르심을 말합니다. 특별히 교사는 예수님의 제자로서 '가르치는 일'을 통해 또 다른 제자를 세우며 (딤후 2:2, 복음의 전수, 영적 재생산)

그 모든 과정 속에서 하나님의 영광을 드러내는 사명을 받았습니다. 이 소명은 교사에게 '나는 누구이며 무엇을 해야 하는지' 흔들리지 않는 정체성을 갖게 합니다.

Q 교사로서의 소명이 의심되거나 확신이 들지 않을 때는 언제였는지 나눠봅시다.

2. 교사의 모델링 - 예수 그리스도

1) 참 교사상

성경은 좋은 교사의 모델을 분명히 보여주고 있는데, 바로 예수 그리스도이십니다.

Q 예수님께서 좋은 교사의 본이 되시는 이유는 무엇이라고 생각하나요?

예수님께서 우리에게 참된 교사의 모델이 되시는 가장 중요한 이유는 먼저 삶으로 본을 보이셨기 때문입니다.

Q 예수님께서 제자들을 부르시고 3년 동안 함께 지내신 이유는 무엇이라고 생각하나요?

예수님은 단지 말씀으로만 제자들을 가르치신 것이 아니라, 3년 동안 함께 생활하며 그분의 삶 자체로 제자들에게 가르침의 본을 보여주셨습니다.

» 섬김의 본을 보이심

> 내가 주와 또는 선생이 되어 너희 발을 씻었으니 너희도 서로 발을 씻어 주는 것이 옳으니라. 내가 너희에게 행한 것 같이 너희도 행하게 하려 하여 본을 보였노라
> 요 13:14-15

» _____ 의 본을 보이심

> 새벽 아직도 밝기 전에 예수께서 일어나 나가 한적한 곳으로 가사 거기서 기도하시더니 막 1:35

» _____ 의 본을 보이심

> 내 계명은 곧 내가 너희를 사랑한 것 같이 너희도 서로 사랑하라 하는 이것이니라.
> 사람이 친구를 위하여 자기 목숨을 버리면 이보다 더 큰 사랑이 없나니 요 15:12

Q 예수님께서 제자들과 3년 동안 함께 생활하시며, 삶으로 보여주신 본을 통해 교사인 우리가 실천해야 할 것은 무엇인가요?

2) 예수님의 사역

> 예수께서 모든 도시와 마을에 두루 다니사 그들의 회당에서 가르치시며 천국복음을 전파하시며 모든 병과 모든 약한 것을 고치시니라 마 9:35

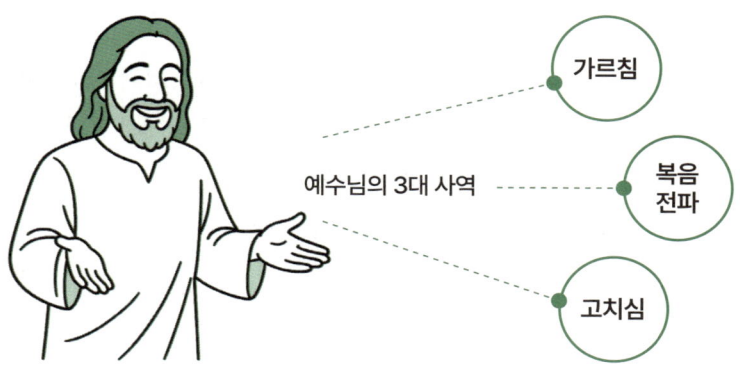

예수님의 3대 사역 — 가르침 / 복음 전파 / 고치심

① 가르침

예수님은 가르침을 중요하게 여기셨습니다. 공생애 기간 내내 가르치셨고, 승천 후에도 그 가르침이 이어지기를 소망하셨습니다. 예수님의 가르침은 하나님 나라의 백성으로 살아가도록 이끄는 훈련입니다. 교사는 바로 이 가르치는 사역을 이어받은 사람입니다.

② 복음전파

복음을 통해 하나님과 화목하게 하는 것이 예수님이 이 땅에 오신 목적입니다. 이를 위해 예수님은 제자들에게 복음을 땅 끝까지 전파하라고 명령하셨습니다. 교사는 바로 이 '거룩한 행진'에 동참하도록 부름받은 '복음전파자'입니다.

③ 고치심

고치심의 원어 '데라퓨오(therapeuō)'는 병든 자를 '낫게 한다'를 넘어 '보살핌과 섬김'의 뜻을 가지고 있습니다. 전인적으로 돌보고 섬기는 모든 과정을 포함합니다. 예수님은 돌봄과 치유를 완전하게 실현하신 분입니다.

교사는 상처받고 약한 아이들의 회복을 위해 기도해야 합니다. 치유하시는 하나님의 손길을 의지하여 따뜻한 관심과 격려로 아이들의 마음을 어루만져 주는 사람이어야 합니다.

돌봄과 치유는 함께 이루어집니다. 진정한 돌봄은 예수 그리스도의 십자가 사랑을 실천하는 관계이고, 진정한 치유는 바로 그 관계 안에서 일어나기 때문입니다. 교사는 어떤 절망적인 상황일지라도 예수 그리스도 안에서는 다시 새롭게 치유되고 시작할 수 있다는 소망을 아이들에게 선포해야 합니다.

Q 예수님의 사역을 어떻게 우리가 이어받고, 실천할 수 있을까요?

02
교사가 해야 할 일

1. 교사의 사명

Q 교사가 반드시 해야 할 일이 무엇이라고 생각하나요?

1) 교육

> 내가 너희에게 분부한 모든 것을 가르쳐 지키게 하라 _마 28:20a_

예수님은 승천하시기 전, '가르치라'는 말씀을 제자들에게 마지막으로 당부하셨습니다. 첫째는 진리를 가르치는 것이고, 둘째는 배운 대로 지키며 살도록 하는 것입니다. 교사는 무엇을 가르쳐야 할까요?

① 성경을 잘 이해하고, 가르쳐야 합니다.

교사의 가장 중요한 임무는 성경 말씀을 가르치는 것입니다. 하나님이 누구시며, 우리가 어떻게 구원받고, 어떻게 살아야 하는지, 성경이 말하는 진리를 잘 가르쳐야 합니다. 아이들의 신앙은 성경의 진리 위에 세워질 때에만 흔들리지 않습니다(딤후 3:15~17). 교사는 아이들의 수준에 따른 성경 교육법을 고민하고 개발해야 합니다. 교사가 알아야 할 성경 이해를 위한 교육은 다음과 같습니다.

》 성경개론

구속사적인 관점에서 구약과 신약의 전체적인 맥락과 흐름을 이해하고, 가르칠 수 있도록 성경개론을 알아야 합니다.

》 성경 인물 배경

아브라함, 모세, 다윗, 베드로, 바울 등 성경 속 인물들의 삶과 그들의 신앙 여정은 오늘을 사는 우리에게도 깊은 영적 교훈을 줍니다. 아이들 또한 좋아하는 성경 인물을 자신의 롤모델로 삼기도 합니다. 그러므로 교사는 성경 인물에 대해 가르칠 때 그들이 살았던 시대의 역사적 배경, 신앙적 교훈, 인물의 성장 과정 등을 함께 탐구하여야 합니다.

》 성경 주요 핵심 사건

성경은 구속사적 사건들의 연속입니다. 창조, 출애굽, 십자가, 부활, 재림 등 구속사의 흐름과 그 신학적 의미가 분명하게 드러나 있습니다. 교사는 기본적으로 아이들의 물음에 언제든 답변할 수 있을 정도의 성경에 대한 이해와 소양을 갖추어야 합니다.

》 교회사

교사는 교회사에 대해 관심을 가져야 합니다. 예를 들어 주일 설교에서 들었던 종교개혁, 공과시간에 배운 초대교회 이야기를 로마 제국이나 르네상스 시대와 연결해 설명할 때 아이들은 매우 흥미로워 합니다. 교회사는 지난 2천 년 동안 믿음의 선배들이 어떻게 신앙을 지켜왔는지를 알려줍니다. 교사는 궁극적으로 교회사를 통해 이 모든 세상의 역사를 주관하시는 분이 바로 하나님이심을 깨닫도록 이끌어 주는 역할을 해야 합니다.

》 묵상

매일 QT를 통해 말씀을 묵상하고, 적용하는 습관은 매우 중요합니다. QT는 아이들의 개인 신앙 성장에 큰 도움이 되기 때문에 반드시 가르쳐야 하며, 교사가 먼저 습관처럼 실천해야 합니다.

QT를 하면 어릴 때부터 하나님 말씀을 의지하는 습관을 키우게 됩니다. 말씀을 삶에 비추어 보고, 말씀을 지키며 사는 것을 삶의 원리로 체득하게 됩니다. 또한 단순히 지식적으로 말씀을 이해하는 것을 넘어, 실제 삶에 적용하기 때문에 성경적 가치관이 자연스럽게 형성됩니다.

Q 내가 성경을 잘 가르치기 위해 가장 많이 배워야 할 것은 무엇인가요?

② 기독교 핵심 개념을 잘 이해하고 가르쳐야 합니다.

교사는 기독교 신앙의 핵심적인 개념들을 체계적으로 가르쳐야 합니다. 아이들이 하나님, 그리스도, 성령, 죄, 죽음 등에 관해 확고한 이해를 갖는 것은 매우 중요합니다. 비어스(V. Gilbert Beers)는 아이들이 알아야 할 기독교 개념을 수준별로 가르쳐야 할 것을 강조했습니다.

- 하나님
- 예수님
- 성경
- 가정과 부모
- 교회와 주일학교
- 다른 사람들
- 천사와 종말

이러한 기본 기독교(신학) 개념 교육이 없다면, 아이들의 신앙은 쉽게 흔들릴 수 있습니다. 또한 수많은 이단 사상으로부터 아이들을 지키기 위해 무엇이 올바른 진리인지 명확히 가르쳐야 할 책임이 교사에게 있습니다. 교사가 알아야 할 기독교(신학) 개념을 위한 교육은 다음과 같습니다.

>> 기독교 교리

하나님, 인간, 구원 등 기독교의 핵심 가르침을 체계적으로 전달하여, 아이들이 혼란스러운 세상 속에서도 흔들리지 않는 믿음의 기초를 세우도록 기준을 삼아야 합니다. 교사는 기본적인 기독교 교리를 잘 알아야 합니다.

>> **교리문답**(교단별)

교사는 교단에서 사용하는 교리문답을 잘 알아야 합니다. 특별히 세례를 받아야 하는 청소년의 경우 세례(학습) 문답의 내용을 기본적으로 숙지하고 있어야 합니다. 교사는 아이들이 신앙 공동체 안에서 믿음의 첫걸음을 바르게 내딛도록 이끄는 사람입니다.

Q 기독교 교리를 가르치는 것이 아이들에게 중요한 이유는 무엇인가요?

③ 교육의 실제 방법을 알고 가르쳐야 합니다.

교사는 '어떻게' 가르칠 것인지에 대한 실제적인 방법을 알아야 합니다. 교사는 아이들의 신앙이 삶 전반에서 드러나도록, 모든 교육 활동을 '전인적인 돌봄'의 관점에서 계획하고 실행해야 합니다. 교사가 알아야 할 교육의 실제는 다음과 같습니다.

>> **아이들 이해**

가르치는 아이들의 연령별 신체적, 인지적, 정서적, 신앙적 발달 단계를 이해해야 합니다. 이는 아이들의 눈높이에 맞는 교육 내용과 방법을 선택하는 가장 기본적인 출발점입니다. 장애나 위기의 아이들도 적절한 돌봄과 더불어 그들에게 적합한 신앙교육 방법들을 연구해야 합니다.

›› 공과(커리큘럼) 연구 및 활용

공과 교재의 교육 목표와 내용을 깊이 있게 연구하고, 그것을 자신의 반 아이들의 상황에 맞게 창의적으로 재구성하여 활용하는 방법을 익혀야 합니다.

›› 효과적인 교수법

강의식 설명뿐만 아니라 협동학습, 토론, 역할극, 게임, 멀티미디어 활용 등 아이들의 적극적인 참여를 이끌어 내는 다양한 교수학습 방법을 배우고 적용해야 합니다.

›› 예배 교육

예배가 하나님을 만나는 감격적인 시간이 될 수 있도록, 예배 자체의 의미와 각 순서의 목적, 참여하는 마음 등을 가르치고, 아이들이 능동적으로 예배에 참여하도록 이끌어야 합니다.

›› 절기 및 특별활동 기획

성탄절, 부활절, 성경학교, 캠프 등 교회의 절기와 특별 프로그램의 신학적 의미를 이해하고, 아이들이 즐겁게 참여하여 신앙을 경험할 수 있는 교육 활동을 기획, 실행할 수 있어야 합니다.

》 생활 지도 및 상담

교실 안팎에서 일어나는 아이들의 실제적인 삶의 문제(친구 관계, 학업, 가정)에 관심을 갖고, 성경적인 원리로 상담하고, 지도하는 기본적인 기술을 갖추어야 합니다.

》 부모 상담 및 참여

정기적인 상담으로 부모님과 소통하며, 필요시 심방을 통해 가정의 실제적인 어려움을 파악하고 함께 기도해야 합니다. 가정과 교회가 함께 아이를 돌보는 파트너십을 구축하도록 교사가 다리 역할을 해야 합니다. 이 외에 성교육과 이성교제, 재정교육, 진로교육 등 다양한 현실적인 주제들이 아이들에게 교육되어야 합니다.

Q 지금 우리 부서 또는 나에게 꼭 필요한 교육은 무엇인가요? 그 이유는?

2) 양육

그들이 조반 먹은 후에 예수께서 시몬 베드로에게 이르시되 요한의 아들 시몬아 네가 이 사람들보다 나를 더 사랑하느냐 하시니 이르되 주님 그러하나이다 내가

> 주님을 사랑하는 줄 주님께서 아시나이다 이르시되 내 어린 양을 먹이라 하시고 또 두 번째 이르시되 요한의 아들 시몬아 네가 나를 사랑하느냐 하시니 이르되 주님 그러하나이다 내가 주님을 사랑하는 줄 주님께서 아시나이다 이르시되 내 양을 치라 하시고 요 21:15-16

'먹이는 것'이 복음전파를 통해 생명을 살리는 것이라면, '치는 것'은 양떼를 인도하고, 훈련하며, 온전한 제자로 세워가는 목자의 모든 활동을 의미합니다.

양육이란, 첫째, 복음을 통해 생명을 살리는 것입니다. 둘째, 예수 그리스도를 닮은 온전한 제자로 성장하도록 이끌어 줍니다.

교사는 아이들이 하나님의 자녀다운 삶을 살도록 인도하며, 결국 예수 그리스도를 닮은 제자로 양육하는 사람입니다.

① 교사는 복음을 전하는 사람입니다.

교사는 아이들을 하나님 나라의 백성으로 살도록 이끄는 사람입니다. 교회 교육의 기초는 복음을 전하는 일이며, 교사는 맡겨진 아이들에게 올바로 전해야

할 막중한 책임을 가지고 있습니다. 교사는 하나님께 위임받은 정원사와 같습니다. 복음이 아이들 안에서 어떻게 자라고 신앙의 뿌리를 내리는지 돌봐야 합니다. 양육이란, 아이들의 신앙이 뿌리내리도록 물을 주고(말씀), 흙을 갈아주며(기도), 세상의 비바람에도 흔들리지 않도록 돕는 모든 과정입니다. 정원의 식물과 같이 뿌리를 깊이 내려야 아이들이 온전히 성장합니다.

✅ **요한복음 3장 16절**

하나님이 세상을 이처럼 사랑하사
독생자를 주셨으니 이는 그를 믿는 자마다 멸망하지 않고
영생을 얻게 하려 하심이니라.

하나님의 사랑 » **죄** » **예수그리스도** » **믿음과 영생** » **약속**

》 복음 제시 원칙

- 구원의 확신을 가진 교사이어야 합니다.
- 복음 제시는 요한복음 3장 16절 말씀을 기본으로 적용합니다.
- 복음을 제시한 후 지속적인 가르침이 있어야 합니다.
- 복음의 본질은 견고히 지키되, 전달 방법은 대상의 눈높이를 고려해야 합니다.
- 아이들을 그리스도께 인도하여 하나님의 자녀로 세우는 것을 분명한 목표로 삼아야 합니다.

》 복음 제시 예시

- 사영리(C.C.C.): 복음의 핵심(사랑과 계획, 죄, 구원, 영접)을 네 가지 원리로 전달

- 전도협회(CEF) 새소식반: 글 없는 책 시각 자료와 반복 학습

이 외에 전도폭발(EE)이나 'Steps to Peace with God(빌리그래함전도협회)' 등 많은 기관, 단체의 복음 제시 방법들이 있습니다.

Q 반 아이에게 복음을 제시한 적이 있습니까? 있다면 그 경험을 나누어 보세요.

② 교사는 아이들이 공동체 안에서 성장하도록 도와야 합니다.

> 우리가 다 하나님의 아들을 믿는 것과 아는 일에 하나가 되어 온전한 사람을 이루어 그리스도의 장성한 분량이 충만한 데까지 이르리니 엡 4:13

신앙 성장의 목적은 '그리스도에게'까지입니다. 교사는 아이들이 그리스도를 닮은 신앙으로 성장하도록 돕는 것을 가장 중요한 목표로 삼아야 합니다. 그리고 그 성장을 이루는 가장 중요한 교육의 장이 바로 교회입니다.

교회 공동체 안에서 아이들은 자기중심적이지 않은, 균형 잡힌 건강한 신앙으로 자라갑니다. 또한 함께하는 수고와 기쁨, 형제애와 헌신의 마음을 배우며, 작은 사회로서의 다양한 경험을 통해 인격적으로도 성장하게 됩니다.

특히 자존감의 변곡이 심한 사춘기에는 친구들과 함께 믿음을 나누고, 공동체의 일원으로서 충분히 사랑받고 있음을 느끼도록 돕는 것이 중요합니다. 이러한 소속감과 일체감은 사춘기 아이들에게 매우 큰 영향을 미치며, 아이들이 교회를 떠나지 않도록 붙잡아 주는 중요한 역할을 합니다.

교사는 이를 위해 기꺼이 자신의 시간과 물질 등 여러 부분에서 헌신해야 합니다. 그 헌신을 손해로 여기지 마십시오. 주 안에서 한 아이의 성장은 우리의 기쁨이요 위로이며, 참된 상급은 하나님 나라에서 하나님께 받을 것입니다.

Q 좋은 양육을 위해 내가 지금 해야 할 일은 무엇인가요?

3) 돌봄

> 예수께서 보시고 노하시어 이르시되 어린 아이들이 내게 오는 것을 용납하고 금하지 말라 하나님의 나라가 이런 자의 것이니라 내가 진실로 너희에게 이르노니 누구든지 하나님의 나라를 어린 아이와 같이 받들지 않는 자는 결단코 그 곳에 들어가지 못하리라 하시고 그 어린 아이들을 안고 그들 위에 안수하시고 축복하시니라 막 10:14-16

예수님은 제자들에게 아이들이 오는 것을 금하지 말라고 하셨습니다. 그리고 아이들을 품에 안고 축복하셨습니다. 연약하고, 돌봄이 필요한 모든 사람이 하나님 나라의 백성임을 환영하며, 선포하신 것입니다. 예수님께 위임받은 교사는 바로 이 예수님의 마음으로 한 아이, 한 아이를 귀하게 여기고, 돌봄의 사명을 다해야 합니다.

돌봄 사역을 위해 교사는 먼저 아이들의 발달 단계를 이해하고, 기질과 성향을 파악하여 이에 맞는 개별적 접근을 할 줄 알아야 합니다. 이를 통해 정서적으로 공감하고, 소통하며, 때로는 아이들 간의 갈등을 중재하거나 부모와 협력하는 역할도 감당해야 합니다.

- 기질(Temperament) : 기질은 유전적으로 타고난 정서적 반응 경향으로, 자극에 대해 자동적으로 나타나는 고유한 특성입니다. 유전적 요인이 강해 쉽게 바뀌지 않습니다. 타고난 성격의 밑그림.
- 성격(Character) : 성격은 기질이라는 원재료를 바탕으로 환경과의 상호작용 속에서 형성됩니다. 이는 사회문화적 학습에 영향을 받으며, 일생 동안 지속적으로 변화합니다. 성격은 기질적 반응을 조절하고, 성숙한 대인관계를 가능하게 합니다.
- 발달유형(Developmental stages by age) : (연령)발달유형은 기질을 포함한 다양한 환경적·경험적 요인이 복합적으로 작용해 형성된, 성장 과정에서 나타나는 연령별 전체적인 행동·성향의 일정한 패턴(공통된 특징)을 말하며, 학습, 사회성, 정서 등 여러 영역에서의 발달 경향을 포괄합니다.

그리고 특별한 돌봄이 필요한 아이들도 있습니다.

≫ 위기 상황의 아이들

가정 해체, 경제적 어려움, 학대 등 위기 상황에 놓인 아이들을 특별한 관심으로 돌보고, 교회가 실질적인 도움을 줄 수 있는 역할을 해야 합니다.

❱ 학습 부진 및 장애 아동

학습에 어려움을 겪거나, 특별한 도움이 필요한 아이들을 배제하지 않고, 그들의 속도에 맞춰 인내심을 가지고 함께하며 격려해야 합니다.

❱ 새 신자 및 적응이 어려운 아이들

교회에 새로 왔거나 공동체에 잘 적응하지 못하는 아이들이 소외감을 느끼지 않도록, 먼저 다가가 친구가 되어주고, 공동체에 잘 정착하도록 도와야 합니다.

Q 지금 우리 부서에 필요한 돌봄은 무엇인지 나눠봅시다.

- 교육이 없는 양육은 방향을 잃게 됩니다.
- 양육이 없는 돌봄은 삶으로 이어지지 못합니다.
- 돌봄이 없는 교육은 성경 지식만 주입하게 됩니다.

2. 가정 연계 사역

Q 가정과의 연계가 왜 중요할까요?

교육 신학자 호레이스 부쉬넬(Horace Bushnell)은 부모는 자녀의 신앙교육에 매우 밀접하게 연결되어 있어야 함을 강조했습니다. 아이는 부모의 신앙과 삶을 보며 자연스럽게 믿음을 배우고, 성장하기 때문입니다. 따라서 교사는 아이들의 신앙교육에 있어 가정을 늘 염두에 두어야 합니다. 가정이 바로 서야, 믿음의 자녀가 건강하게 자랄 수 있습니다.

초대교회 신앙전수의 힘은 '가정과 교회의 연합'입니다. 자녀들은 교회에서 교사를 통해 말씀을 배우고, 가정에서 부모를 통해 그 말씀을 삶으로 배우며 자라나야 합니다. 보이지 않는 끈처럼 교회와 가정은 항상 연결되어 있어야 합니다.

가정 연계 사역의 내용은 본 시리즈의 부서별 사역연구 파트에 각 부서별로 상세하게 소개할 예정입니다.

3. 부서 교사와 동역하기

> 우리가 한 몸에 많은 지체를 가졌으나 모든 지체가 같은 기능을 가진 것이 아니니 이와 같이 우리 많은 사람이 그리스도 안에서 한 몸이 되어 서로 지체가 되었느니라
> 롬 12:4-5

교사는 그리스도 안에서 한 몸을 이루어 서로 지체가 되었습니다. 목사님, 부장님, 동료 교사 모두 동역(partnership in ministry)이란 이름으로 함께 하는 지체(members of the Body of Christ)입니다. 그리스도 안에서 한 몸으로 묶어 준 가족입니다.

교사 간의 관계 속에서 우리는 때로는 어려움을 겪기도 하고, 서로를 통해 배우며, 성장하기도 합니다. 하지만 단지 목적과 목표만을 위해 있는 모임이 아니라, 모이는 것 자체가 하나의 목적인 작은 교회입니다. 함께 돌보며, 함께 아파하고, 함께 웃는 그리스도의 몸이고, 각 지체입니다(고전 12:25-27).

그러므로 교사는 한 몸을 이루기 위해 역할과 책임을 다해야 합니다.

Q 부서내 교사들의 하나됨을 위해 내가 할 수 있는 일은 무엇일까요?

1 이 과를 통해 새롭게 알고 느끼고 깨닫게 된 점은 무엇입니까?

2 나의 교사 사역에 구체적으로 적용할 점은 무엇입니까?

3 우리 교회 부서 교육에서 새롭게 실천해야 할 점은 무엇입니까?

3과

교회교육의 이해

김성중 교수

교회교육의 이해

교회교육은 하나님께서 계획하시고,
인도하시고, 이끄시는 교육이며,
교회를 중심으로 이루어지며,
목회의 전 영역에서 이루어지는 교육입니다.
교회교육을 통해 하나님을 깊이 있게 알아가게 됩니다.

김성중 교수

- 장로회신학대학교 기독교교육과
- 연세대학교 신과대학 졸업
- 장로회신학대학교 신학대학원 교역학 석사 졸업
- 장로회신학대학교 대학원 기독교교육학 석사 졸업
- 미국 보스턴대학교(Boston University) 신학 석사 졸업
- 미국 플로리다대학교(University of Florida) 교육학 박사 졸업
- 미국 하버드대학교(Harvard University) 케네디스쿨 NGO 전문교육연수 수료
- 기독교육리더십연구소 소장/ 대한민국교육봉사단 대표/ 더작은재단 이사/ 번개탄TV 감사
- 브리지임팩트사역원 신학자문/ 한국교회지도자센터 전문위원/ 넥스트교회교육원 고문이사

목표

1. 교육교육의 의미와 주체와 특징을 이해합니다.

2. 교회교육에 있어서 교회학교 교사와 학습자가 누구인지 알아봅니다.

3. 교회교육의 장(field)은 어디이고, 시간은 언제인지 확인합니다.

4. 교회교육의 영역 5가지를 탐구합니다.

5. 교회교육의 중요한 실제인 '교회력과 목회력을 강조하는 교회교육', '수련회를 강조하는 교회교육'을 배웁니다.

안내

교회교육이 교회를 중심으로 이루어지는 교육이지만,
교회라는 장소, 주일이라는 시간에만 한정되지 않고,
학습자의 삶의 공간과 주중의 시간 속에서도 이루어지며,
또한 목회의 전 영역에서 이루어지는 교회의 가장 본질적이고 중요한 사역임을 깨닫게 합니다.

01 교육이란 무엇인가?

Q 내가 따르고 싶은 좋은 교사 모델이 있다면 누구인지 소개해 봅니다.

헬렌 켈러(Helen Keller)의 스승이었던 앤 설리번(Anne Mansfield Sullivan)은 헬렌 켈러를 사랑으로 양육했고, 헬렌 켈러의 잠재적 가능성을 바라보면서 가르쳤습니다. 시각과 청각을 모두 잃은 헬렌 켈러를 가르치기 위해 손바닥에 알파벳을 써서 단어와 사물을 연결시키는 학습자 맞춤식 교육, 창의 체험적 교육을 시행한 최고의 교사였습니다.

Q 우리는 교사이며, 교육을 하는 사람입니다. 교육은 무엇이라고 생각하는지 교육에 대한 나의 정의를 내려봅니다.

》 교육(教育) : '교육(教育)'이라는 말은 '교(教)'와 '육(育)'이 합쳐진 단어입니다. '교(教)'는 교사가 학습자에게 지식과 정보와 내용을 가르쳐주는 것을 의미하고, '육(育)'은 교사와 학습자가 함께 상호 작용하는 가운데 필요한 교육의 내용을 자연스럽게 습득하고 내면화하는 것을 의미합니다.

Q 나는 어떤 교육자가 되기를 원합니까?

교육(Education)의 어원이 되는 단어인 라틴어 'educatio'는 '밖으로 이끌어 내다'라는 뜻을 가지고 있습니다. 학습자의 잠재력을 밖으로 이끌어 내는 것이 바로 교육입니다.

02

교회교육이란 무엇인가?

> "교회교육은 기독교교육의 핵심입니다!" - 기독교교육학자 A
> "교회교육은 하나님께서 우리 아이들의 삶을 변화시키는 하나님의 교육입니다!" - 교회교육 전문가 B
> "교회교육은 교회 사역의 본질입니다!" - 교회학교 전문사역자 C

Q 학교교육과 비교해 볼 때 교회교육의 다른 점은 무엇이라고 생각합니까?

_____

_____

_____

_____

교회교육의 주체는 바로 하나님이십니다. 교회교육은 하나님의 교육이고, 교회교육의 목적은 하나님을 깊이 있게 아는 것입니다. 하나님께서 우리에게 알려주시는 만큼 우리는 알게 되고, 보여주시는 만큼 우리는 보게 되고, 들려주시는 만큼 우리는 듣게 됩니다.

Q 교회교육의 목적은 무엇이라고 생각합니까?

교회교육은 하나님을 위한, 하나님에 의한, 하나님에 대한 교육입니다. 오직 하나님께 영광을 돌리기 위한 목적으로 교회교육은 시행됩니다. 오직 하나님의 자기 계시에 의해서 교회교육은 이루어집니다. 하나님을 알기 위한 내용으로 교회교육은 이루어집니다.

> 그런즉 너희가 먹든지 마시든지 무엇을 하든지 다 하나님의 영광을 위하여 하라
> 고전 10:31

교회교육은 하나님께서 기뻐하시는 온전한 사람으로 성장시키고, 하나님께서 원하시는 모든 선한 일을 행할 능력을 갖추게 하는 것입니다.

> 모든 성경은 하나님의 감동으로 된 것으로 교훈과 책망과 바르게 함과 의로 교육하기에 유익하니 이는 하나님의 사람으로 온전하게 하며 모든 선한 일을 행할 능력을 갖추게 하려 함이라 딤후 3:16-17

교회교육은 예수 그리스도를 구세주로 영접한 사람들의 모임인 교회 공동체의 소중함을 깨닫게 하고, 공동체 안에서의 참된 회복과 성장을 추구합니다.

> 한 사람이면 패하겠거니와 두 사람이면 맞설 수 있나니 세 겹 줄은 쉽게 끊어지지
> 아니하느니라 전 4:12

교회교육은 세상 속에서 예수 그리스도의 복음을 전파하고, 예수 그리스도의 증인된 삶을 살아갈 수 있도록 훈련합니다.

> 오직 성령이 너희에게 임하시면 너희가 권능을 받고 예루살렘과 온 유대와 사마리아와 땅 끝까지 이르러 내 증인이 되리라 하시니라 행 1:8

교회교육은 전인(全人)교육을 추구합니다. 전인(全人)의 구성요소는 영성을 중심으로 지성, 감성, 의성, 체성으로 이루어집니다. 이 5가지의 구성요소 중에 가장 중요한 요소는 바로 영성입니다. 영성은 하나님과 교제하는 능력입니다. 이 영성을 바탕으로 이성적 차원인 지성, 감정적 차원인 감성, 의지적 차원인 의성, 체력적인 차원의 체성이 균형 있게 계발될 수 있는 교회교육이 되어야 합니다.

> 이스라엘아 들으라 우리 하나님 여호와는 오직 유일한 여호와이시니 너는 마음을 다하고 뜻을 다하고 힘을 다하여 네 하나님 여호와를 사랑하라 신 6:4-5

Q 교회교육에서는 무엇을 가르쳐야 한다고 생각합니까?

① 하나님의 말씀인 성경을 가르쳐야 합니다.

　　구체적으로 성경의 내용과 핵심, 역사와 배경 등을 가르쳐야 합니다.

② 삼위일체 하나님(성부 하나님, 성자 예수님, 성령 하나님)이 누구신지를 가르치고,

　　하나님의 성품과 능력과 뜻을 알게 해야 합니다.

③ 예수님의 복음을 구체적으로 가르치고, 복음 안에서 살아가는 삶을 가르쳐야 합니다.

④ 기독교의 교리가 어떻게 형성되어 왔는지, 어떤 내용으로 구성되어 있는지를

　　가르쳐야 합니다.

⑤ 기독교의 역사가 하나님의 주권 안에서 어떻게 진행되어 왔는지를 가르쳐야 합니다

⑥ 예배, 기도, 말씀 묵상, 전도, 봉사 등 신앙 성장과 성숙을 위해서

　　신앙생활을 어떻게 해야 하는지를 가르쳐야 합니다.

03

교회학교 교사는 누구인가?

Q 교회학교 교사인 나는 누구입니까? 또 나는 왜 교사가 되었습니까?

교회학교 교사인 나는 부족한 존재이지만 하나님께서 아이들의 영혼의 생명을 살리라는 사명을 주셨기에 아이들에게 하나님의 말씀인 성경을 가르치고, 신앙적인 삶의 모범을 보이기 위해 노력하는 교사의 직분을 감당하고 있습니다.

Q 교회학교 교사가 갖추어야 하는 자질 중에 가장 중요한 자질 세 가지를 말한다면 무엇일까요?

교사가 갖추어야 하는 자질은 영성, 사랑, 전문성, 소통, 리더십, 좋은 성품(정직, 인내, 존중, 겸손, 성실, 온유, 충성, 절제), 수용력, 판단력, 분별력, 결단력, 열정, 정확성, 명확성 등을 들 수 있습니다.

Q 나는 하나님 앞에 바른 교회학교 교사가 되기 위해 어떤 노력을 하고 있습니까?

하나님 앞에 바른 교회학교 교사가 되기 위해 교사는 하나님의 말씀인 성경을 사랑해야 합니다. 성경을 사랑해야 성경을 읽고, 듣고, 배우고, 묵상하고, 쓰고, 외우고 등을 즐겁게 할 수 있습니다. 시편 1편 2절에는 "오직 여호와의 율법을 즐거워하여 그의 율법을 주야로 묵상하는도다"라고 나옵니다. 그리고 시편 119편 103절에는 "주의 말씀의 맛이 내게 어찌 그리 단지요 내 입에 꿀보다 더 다니이다"라고 나옵니다.

그리고 하나님 앞에 바른 교회학교 교사가 되기 위해서 교사는 하나님께 간절히 기도해야 합니다. 자기 자신을 위해 기도하고, 자신이 섬기는 아이들을 위해 기도하고, 공과 교육을 위해 기도하고, 동료 교사들을 위해 기도하고, 교회학교를 위해 기도할 때 하나님께서 도와주시고, 인도해 주시고, 이끌어 주실 것입니다.

04

교회학교에서 우리가 만나는 학습자는 누구인가?

Q 교회교육에서 가르치는 대상은 누구입니까?

교회교육에서 가르치는 대상을 교회학교 부서로 나누면, 영아부(0-3세), 유아부(4-5세), 유치부(6-7세), 유년부(초등학교 1-3학년), 초등부(초등학교 4-6학년), 중등부(중학생), 고등부(고등학생), 청년부로 나눌 수 있습니다. 청년부는 교회학교 부서로 포함시키는 교회도 있고, 그렇지 않은 교회도 있습니다.

Q 나는 교회학교 반 아이들에 대해 무엇을 얼마나 알고 있습니까?

사랑의 구체적인 단어는 관심과 이해입니다. 아이들을 사랑하면 아이들에게 관심을 가지게 됩니다. 관심을 가지게 되면, 아이들의 생각과 말과 행동을 어른의 시각에서 바라보고 판단하려고 하지 않고, 이해하기 위해 노력하게 됩니다.

Q 아이들을 이해한다고 할 때는 어떤 부분을 이해해야 합니까?

교회학교에서 만나는 아이들은 계속 성장하고 있는 시기입니다. 성장한다는 것은 변화한다는 것을 뜻하는 것입니다. 변화하는 가운데 아이들의 특징이 나오게 됩니다. 그래서 아이들을 이해하는 것은 아이들의 '지적인 부분에서의 성장', '심리적인 부분에서의 성장', '신앙적인 부분에서의 성장', '도덕적인 부분에서의 성장', '문화적인 부분에서의 성장'을 살펴보고 그 특징을 알고 수용하는 것입니다. 이 5가지 부분에서의 이해가 있어야 아이들의 전인적인 필요를 채워줄 수 있고, 온전한 사람으로 자라나는 데 있어 도움을 줄 수 있습니다.

05

교회교육의 장은 어디이며, 시간은 언제인가?

Q 나는 교회 외의 장소에서 교회학교 아이들을 만나고 있습니까? 그렇다면 어디에서 만나십니까?

교회교육은 교회를 중심으로 이루어지지만, 교회 외의 여러 장(field)에서 이루어질 수 있습니다. 먼저 가정에서 교회교육이 이루어질 수 있습니다. 부모는 가정 안에서 신앙 교사로서 자녀들에게 모범을 보이고, 신앙 안에서의 양육을 실천해야 합니다. 이를 위해서 교회-가정 연계를 시도해야 합니다. 또한, 학교에서 교회교육이 이루어질 수 있습니다. 학교 안의 신실한 기독 교사와 학생들을 통해서 기독 동아리(스쿨 처치)가 만들어지고, 기독 동아리를 통해서 신앙교육이 진행되어야 합니다. 이를 위해서 교회-학교 연계를 시도해야 합니다. 이뿐만이 아니라 자연 속에서도 교회교육이 이루어질 수 있습니다. 그래서 야외예배, 소풍 등을 가는 것입니다.

Q 나는 아이들과 온라인을 통해 얼마나 자주, 또 어떻게 만나서 신앙적인 영향을 주고 있습니까?

교회교육의 장(field)은 온라인으로 확장될 수 있습니다. 교회학교 교사들은 미디어에 대한 바른 이해를 가지고 여러 미디어 매체, 온라인 플랫폼을 통해 아이들과 신앙적 교제를 나누고, 교육을 시도할 수 있습니다. 이처럼 신앙교육이 일어나는 모든 공간이 바로 교육의 장(field)이 될 수 있습니다.

그리고 주일에 아이들을 만나는 것은 당연한 것입니다. 주일 외에 주중에 아이들을 만나서 신앙적인 영향을 줄 수 있어야 합니다. 주일에 한 번 만나는 것 가지고, 교회교육을 다 했다고 말하면 안 됩니다. 지금 당장 주중에 아이들을 만나서 신앙적인 교류를 시작해 보십시오.

06

교회교육의 영역은 어떻게 되는가?

Q 교회교육의 역사를 알기 위해 초대교회를 살펴봐야 하는데, 초대교회는 어떠한 모습이었을까요? (행 2:42-47)

초대교회의 모습을 볼 수 있는 성경의 대표적인 구절은 바로 사도행전 2장 42-47절입니다.

> 그들이 사도의 가르침을 받아 서로 교제하고 떡을 떼며 오로지 기도하기를 힘쓰니라. 사람마다 두려워하는데 사도들로 말미암아 기사와 표적이 많이 나타나니 믿는 사람이 다 함께 있어 모든 물건을 서로 통용하고 또 재산과 소유를 팔아 각 사람의 필요를 따라 나눠 주며 날마다 마음을 같이하여 성전에 모이기를 힘쓰고 집에서 떡을 떼며 기쁨과 순전한 마음으로 음식을 먹고 하나님을 찬미하며 또 온 백성에게 칭송을 받으니 주께서 구원 받는 사람을 날마다 더하게 하시니라
> 행 2:42-47

Q 초대교회 성도들은 어떻게 신앙생활을 했을까요?

초대교회 성도들은 예수님을 모르고 죽어가는 영혼들에게 예수님의 복음을 열심히 전파했고, 함께 모여서 성찬식을 했고, 기도하고 하나님을 찬미하는 예배를 드렸고, 사도들의 가르침을 받았고, 함께 모여서 음식을 먹고 교제를 나누었고, 재산과 소유를 팔아 각 사람의 필요를 따라 나눠 주는 상호 섬김과 봉사의 실천을 했습니다. 그럼으로써 초대교회 성도들은 공동체 안에서 하나됨을 경험했고, 예수님을 닮아가는 삶을 살게 되었습니다. 교회교육의 영역은 5가지로 구성됩니다. 이 5가지 영역에서 교회교육이 이루어집니다.

5가지 영역의 교회교육

① **케리그마 영역** : 교회 안에서 예배 시간에 목회자들이 하나님의 말씀을 선포하고, 교회 밖에서 믿지 않는 자들에게 예수님의 복음을 전파하는 내용의 영역입니다.
② **레이투르기아** : 교회 안에서 이루어지는 다양한 예배(주일예배, 수요예배, 금요예배, 새벽예배 등)와 세례식과 성찬식으로 구성되는 예전의 영역입니다.
③ **디다케 영역** : 하나님의 말씀을 구체적으로 가르치고, 배운 말씀을 삶 속에서 실천하고 훈련하는 내용의 영역입니다.
④ **코이노니아 영역** : 예수님의 사랑 안에서 성도들이 모여서 교제를 하고 나눔을 진행하는 내용의 영역입니다.

⑤ **디아코니아 영역** : 예수님의 사랑 가운데서 이루어지는 교회 안의 다양한 섬김과 봉사(주차 봉사, 주방 봉사, 찬양대 봉사, 교사 봉사 등), 그리고 교회 밖의 섬김과 봉사(지역사회 봉사, 사회적 약자 돌봄, 재난구호활동 등)의 영역입니다.

Q 초대교회 성도들의 신앙생활 가운데서 찾을 수 있는 교회교육의 영역은 무엇일까요?

07

교회력과 목회력을 강조하는 교회교육은 무엇인가?

Q 교회력은 무엇입니까?

교회력은 예수님의 생애를 중심으로 이루어지는 절기입니다. 1년 단위로 진행되며 대림절, 성탄절, 주현절, 사순절, 부활절, 성령강림절로 이루어지는 가운데, 예수 그리스도의 삶과 사역을 생각하게 하고, 예수님께서 베풀어 주신 놀라운 구원의 은혜를 감사하게 합니다(교단에 따라 지키는 교회력의 절기는 다를 수 있습니다).

Q 목회력은 무엇입니까?

목회력은 교회력 외의 절기들을 말합니다. 연중 목회 사역 가운데 교회의 전통과 역사, 교회의 필요, 국가의 역사 등에 근거해서 제정되어 지키는 절기입니다. 예를 들면, 신년주일, 어린이주일, 어버이주일, 맥추감사주일, 추수감사주일, 종교개혁주일, 총회주일, 창립기념주일, 광복주일 등을 들 수 있습니다. (교단에 따라 지키는 목회력의 절기는 다를 수 있습니다)

Q 교회력과 목회력을 지키며 이루어지는 교회교육은 우리 아이들에게 어떠한 교육적 유익을 가져다줄까요?

교회교육의 내용과 방법을 풍성하게 해 주고, 교회의 역사와 전통을 이해하게 하며, 교회 공동체가 하나임을 고백하고, 경험하게 하는 유익을 가져다줄 수 있습니다.

08

성경학교(수련회)를 강조하는 교회교육은 무엇인가?

Q 내가 학창 시절에 경험한 성경학교(수련회) 가운데 가장 기억에 남는 성경학교(수련회) 참여 경험을 나눠봅니다!

성경학교(수련회)는 우리 아이들의 신앙 형성과 성장을 위한 가장 중요한 교회교육의 내용이자 방법입니다. 단기간에 집중적으로 진행되는 교회교육으로 보통은 숙박을 전제로 하며 교회 밖의 다른 장소에서 진행됩니다.

Q 수련회의 목표는 무엇입니까?

수련회의 중요한 목표는 바로 하나님과 인격적으로 뜨겁게 만나는 것이고, 하나님의 말씀인 성경을 공부하는 것이며, 하나님의 사랑을 경험하는 것입니다. 이 외에도 또래들과 함께 하면서 하나님께서 마련해주신 공동체의 소중함과 중요성을 깨닫는 것이고, 앞으로 어떻게 살아가야 하는지 인생의 사명을 발견하는 것이며, 서로 섬기고 봉사하는 훈련을 하는 것입니다. 또한 일상의 삶에서 벗어나서 쉼을 얻는 것입니다.

❶ 이 과를 통해 새롭게 알고 느끼고 깨닫게 된 점은 무엇입니까?

❷ 나의 교회 교육에 구체적으로 적용할 점은 무엇입니까?

❸ 우리 교회 부서 교육에서 새롭게 실천해야 할 점은 무엇입니까?

4과

소통과 대화법

김민철 목사

소통과 대화법

대화 중에 사람마다 습관적으로 하는 익숙한 표현이 있습니다.
따라서 다양한 상황에서 교사와 학생이
서로 공감대를 형성하는 대화 기법이 필요합니다.
공감 대화는 교사와 학생 간의 진실한 코이노니아를 이루게 합니다.

김민철 목사

- 서울신학대학교 신학과 & 신학대학원 졸업
- 국민대학교 경영대학원 졸업(리더십&코칭)
- 국민대학교 일반대학원 졸업(문화학 박사)
- 한국코치협회 인증코치(KPC)
- 넥스트목회교육연구소장
- 언덕교회

목표

1. 학생과 심리적 안정감을 형성하여 마음과 마음이 연결되는 소통을 추구합니다.

2. 소통의 기본 원리와 자세 및 방법에 대해 알아봅니다.

3. 경청과 말하기를 통해 자신의 대화 습관을 파악합니다.

4. 학생과의 불편한 상황(갈등, 충고, 요청 등)에서 어떻게 공감하고 소통할지 실제 사례로 적용해봅니다.

안내

다양한 대화 방법을 통해 교사 자신과 학생의 언어습관을 이해하며,
정확히 말하고 바르게 듣는 훈련을 배워보십시오.
공감 대화법을 통해 주안에서 서로 사랑하는 방법으로 활용합니다.
소통 방법을 현장에서 익혀가면서 적용하는 것이 중요합니다.
먼저 교사끼리 실습해 보시기를 권합니다.
만약 심방이나 공과 인도가 처음인 신입 교사는
아이들과의 상황을 가정해서 질문을 풀어보시면 됩니다.

01
소통의 원리

Q 동료 교사와 학생들에게 습관적으로 많이 하는 말 세 가지는 무엇일까요?

'…네 이웃을 네 자신같이 사랑하라…' (마 22:39)는 말씀은 예수 그리스도께서 우리에게 주신 분명한 명령입니다. 그러므로 우리 자신과 학생을 사랑하는 것은 선택이 아니라 반드시 지켜야 할 하나님의 말씀입니다. 하지만 사랑을 아는 것만큼 사랑을 실천하는 일은 쉽지 않습니다.

사랑의 관계는 먼저 상대방을 이해하려는 자세에서 시작되며, 이해하기 위해 우리는 대화를 통해 상대방의 정보를 얻습니다. 설교, 교육, 심방, 회의 등도 대부분 말을 통해 소통하기 때문에 대화는 관계에서 중요한 역할을 합니다. 성경에서도 말과 언어의 중요성을 여러 차례 강조합니다.

> 칼로 찌름 같이 함부로 말하는 자가 있거니와 지혜로운 자의 혀는 양약과 같으니라 잠 12:18

그렇다면 지혜롭게 대화하는 방법은 무엇일까요? 서로의 마음에 유익이 되는 대화가 중요합니다. 이를 위해서는 먼저 좋은 관계가 형성되어야 하며, 그 관계는 학생들의 마음과 연결되는 데서 시작됩니다.

> 네 양 떼의 형편을 부지런히 살피며 네 소 떼에게 마음을 두라 잠 27:23

교사는 학생의 삶과 신앙을 인도하는 목자입니다. 학생의 형편과 마음을 살피며 서로 마음을 소통하기 위해서 다음의 방법들을 함께 고민하며 연습해 봅시다.

Q 교사 간, 그리고 교사와 학생 간에 원활한 소통을 위해서 중요한 것은 무엇일까요?

소통의 기본은 심리적 안정감을 형성하는 데 있습니다. 이는 상대방이 내 말과 행동을 있는 그대로 받아들일 수 있다는 믿음을 주는 것이며, 어떤 말을 해도 정죄나 비난 없이 공감받을 수 있는 상태를 말합니다. 특히 학생들은 교사가 자신을 있는 그대로 받아주면 마음을 열고 대합니다. 이를 위해서는 평소에 '관계통장'을 만드는 일이 중요합니다.

'관계통장'에 '관계저축'을 충분히 해놓아야 합니다. 관계의 잔고가 충분할수록 대화도 풍성해집니다. 좋은 관계는 상대방에게 **관심을 가지고, 충분한 시간을 저축할 때 형성**됩니다.

Q 지금 나의 반 학생들과 '관계통장'에 저축하기 위해 어떤 시도를 할 수 있을까요?

Q 학생과 소통하기 어려운 때는 언제인가요? 그 이유는 무엇인가요?

소통할 때 우리는 종종 판단하는 입장에서 대화합니다. 상대방의 이야기를 이미 다 알고 있다고 생각해서, 대화하는 학생의 말과 행동에서 이미 결론을 내 경청하지 않거나, 빠른 답을 주려고 합니다. 이런 태도는 더 깊은 대화로 나아가는 것을 막고, 학생도 더 이상 자신의 이야기를 하지 않게 합니다.

반면 소통이 잘 이루어지는 경우는 대부분 상대방에게 먼저 호기심을 갖고 대할 때입니다. 이미 알고 있는 내용이라도, 무언가 더 알 수 있는 부분이 있을 것이라고 생각하고, 처음 듣는 이야기처럼 관심을 기울입니다. 이미 어느 정도 알고 있는 상황에서도 더 자세히 알고자 하는 마음으로, 듣고 질문을 이어갑니다. 소통의 출발점은 바로 학생에게 호기심을 가지고 대하는 태도입니다.

호기심을 효과적으로 활용하려면 연령별 발달단계를 아는 것이 중요합니다. 영유아, 유치, 초등 및 청소년 등 각 연령의 발달 특성을 알면 그 연령에 맞는 접근이 가능합니다.

또한 개인의 성향 파악도 중요합니다. '내향적·외향적', '관계중심·일중심', '빠른·여유있는 성향' 등의 개인 성향 파악은 심방이나 소그룹 활동 운영에 도움이 됩니다. 성향 파악을 위해서 DISC, MBTI 등의 검사도구를 활용하는 것도 유용합니다.

그리고 학생의 가정환경이나 자라온 환경, 장래희망, 거주 동네 환경 등을 본인이 상처받지 않도록 조심스럽게 학생의 친구, 동료 교사를 통해 미리 알아두는 것도 소통에 매우 도움이 됩니다. 학생에게 직접 묻는 것은 신뢰도와 상황에 따라 신중히 해야 하고, 이런 민감할 수 있는 정보는 가능하면 간접적으로 얻는 것이 좋습니다.

Q 우리 반 학생에게 어떤 호기심이 있나요? 학생이나 동료 선생님 한 분을 선택해서 그 분을 떠올리면 생각나는 호기심을 적어보세요. (개인 성향을 중심으로 적어보세요. 예시: '활발하고 말을 잘하며, 친구가 많은 이유는 무엇일까? ○○○ 이유 때문일꺼야')

02 화가 날 때

Q 학생과의 만남이나 대화에서 종종 화가 날 때가 있습니다. 그 이유는 무엇이었나요?

학생에게 호기심을 가지고 대하더라도, 때때로 이해하기 힘든 말과 행동을 하면, 교사로서 화가 날 때가 있습니다. 화가 나면 교사 자신도 죄책감을 느끼게 됩니다. 그러나 화가 나는 이유를 자세히 들여다보면, 대부분 학생이 잘되길 바라는 마음이 좌절되었을 때 나타나는 경우입니다. 걱정하는 마음이 밖으로 표현되는 상황이 화이고, 분노입니다.

교사가 화가 나는 이유는 대부분 학생에 대한 서운함 때문인 경우가 많습니다. 학생의 잘못을 보면서 화가 나지만, 실은 학생에게 바랐던 나의 욕구(요구사항)가 좌절되었기 때문입니다. 학생에게 화가 날 때 그 감정을 살펴보고, 나의 욕구는 무엇인지, 또 무엇 때문에 나의 욕구와 기대가 좌절되었는지 확인한다면 그 감정을 관리할 수 있고, 관계 회복에도 큰 도움이 됩니다.

화가 날 때마다 스스로에게 이렇게 이야기해 보세요. "내가 학생에게 기대하거나 원하는 일이 잘 이루어지지 않아서 불편한 마음이 생기네" 이렇게 감정을 말로 정리하면 한 발 물러서 상황을 바라보게 되고, 나의 욕구를 객관화하며 내려놓을 수 있게 됩니다.

Q 가장 최근에 학생과 만남에서 분노나 화가 나는 경우를 생각해 보면서, 어떤 욕구가 좌절됐는지 살펴봅시다.

03
경청과 공감

Q 공과시간에 학생과 어떻게 대화를 시작합니까? 나만의 방법은 무엇인가요?

심방이나 공과 시간에 어떤 말부터 시작해야 할지 어색합니다. 가볍게 대화를 시작하는 방법을 '스몰토크(small talk)'라 합니다. 날씨나 학교 이야기가 좋습니다. 최근의 감사한 일이나 하고 싶었던 일도 좋습니다. 학생의 취미나, 좋아하는 일을 묻는 것도 좋습니다. 결국 초점은 학생의 관심사를 이야기하는 시간입니다.

이때 중요한 것은 나의 반응입니다. 학생의 이야기를 듣고 답을 주거나 판단하는 것이 아니라 긍정적인 반응이 중요합니다. "재미있었겠네", "신나겠네", "역시 ○○○는 잘해", "어떻게 그런 좋은 생각했어" 등등 학생이 기분 좋을 수 있도록 반응해 주어야 합니다.

Q 이번 주 공과 시간에 혹은 아이들 심방을 하면서 어떤 스몰토크를 시도하시겠습니까? 이야기 중 어떻게 반응하면 학생들이 좋아할까요? (구체적 반응의 말을 적어보세요)

Q 학생과의 대화에서 경청하는 나만의 방법은 무엇인가요? 어떻게 하면 학생의 이야기를 잘 들을 수 있을까요?

경청은 기울일 경(傾), 들을 청(聽)으로, 나의 존재를 학생의 존재에게 기울이는 태도입니다. 경청은 기술이라기보다 태도에 가깝습니다. 상대방을 존중하는 마음으로, 마음을 기울이는 태도가 선행되어야 잘 들을 수 있다는 것입니다. 듣는 귀와 진지한 눈빛과 진심의 마음을 담아서 왕의 이야기를 듣는 태도입니다. 기독교적으로 말하면 예수님의 말씀을 듣는 것처럼 귀 기울여 학생의 이야기를 듣는 태도입니다.

무엇을 들어야 할까요? 먼저 아이의 생각을 그대로 듣는 것이 중요합니다. 판단하거나 정죄하지 않고, 생각의 정당성을 인정하는 것입니다. "그렇게 생각할 수도 있겠네" 인정하고, "왜 그렇게 생각해?" 질문하면서 성경적 관점을 함께 찾아가면 됩니다.

이때 핵심적인 경청은 학생의 마음을 듣는 것입니다. 감정, 정서 등 그때마다 느끼는 학생의 마음에 공감해야 합니다. 사람마다 느끼는 기쁨과 슬픔, 감정의 변화는 같은 상황에서도 다 다르게 느껴집니다. 그 감정을 공감해 준다면 학생은 더 마음을 열게 됩니다.

Q 학생과 대화할 때, 학생의 생각과 감정을 그 입장에서 진심으로 들어주면 어떤 변화가 일어날까요? 잘 이해되지 않는 학생의 구체적인 상황을 떠올리며 어떻게 하면 더 깊이 경청할 수 있을지 나누어 봅시다.

Q 공과 시간에 휴대폰만 보고 있는 학생에게 어떻게 말을 해야 할까요?

공과 시간에 휴대폰을 보고 있는 학생을 보면 화가 납니다. 물론 휴대폰을 뺏을 수 있지만 그러면 관계가 크게 어긋나게 됩니다. 이때 교사가 학생에게 하는 말은 대부분 '휴대폰 사용 금지'나 '딴짓하지 마라'와 같은 지시형의 말입니다. 그러나 이러한 행동의 금지 명령은 학생의 행동을 멈추게 하기보다는 학생이 변명하거나 방어적으로 반응하게 할 가능성이 높습니다.

이때 학생에게 집중하기보다는 교사인 나 자신의 욕구에 집중해 봅시다. 휴대폰을 뺏고자 하는 마음은 어떤 마음일까요? 공과 시간에 학생이 집중해서 말씀을 잘 듣기를 바라는 마음일 것입니다. 그렇다면 학생에게 요청할 때는 금지 명령보다 교사의 근원적 욕구를 표현하는 것이 더욱 효과적입니다.

예를 들어 "중요한 하나님의 말씀을 네게 전해주고 싶은데 선생님 이야기에 조금만 집중해 줄 수 있을까?"라고 하는 것입니다. 이는 하지 말라는 행동을 지적하는 대신, **'지금 무엇을 하면 되는지'를 말해주는 것**입니다. 금지보다 방향을 제시하는 요청이 학생의 마음을 덜 방어적으로 만들고, 관계도 지키면서, 필요한 내용을 보다 효과적으로 전달할 수 있게 합니다.

Q 시끄럽게 떠드는 아이나, 공과 시간에 혼자서만 많이 이야기하는 아이에게 어떻게 요청하면 좋을까요? 다양한 상황에서(예배에 늦게 오는 학생 등등) 어떻게 요청하면 좋을지 의견을 나누어 봅시다.

04

갈등, 칭찬

Q 공과 시간에 야외에 나가자고 하던지 간식 먹으러 가자고 하면 어떻게 해야 할까요?

소통에서 중요한 과제 중 하나는 **갈등 관리를 평소에 연습하는 것**입니다. 갈등이 일어나면 상대방의 행동을 무시하거나 혼내며 해결하려 합니다. 그러나 학생들은 공과 시간이 싫어서가 아니라, 간식을 먹고 싶다든지, 다른 행동을 더 원해서 그런 행동을 보일 때도 있습니다. 열심히 준비한 공과를 무시당한 느낌이 들 때 우리는 갈등을 어떻게 해결할 수 있을까요?

이런 갈등이 일어나면 교사는 먼저 자신이 무엇을 원하고 기대하는지 명확하게 표현해야 합니다. 먼저 학생에게 공과 시간에 다른 것을 하고 싶은 이유를 묻고, 그것이 현실적으로 가능한지 판단합니다. 대화는 긍정의 표현으로 하고, 선택은 합의를 유도하시면 됩니다.

여기서는 정말로 공과 시간이 싫은 건지, 간식을 먹고 싶은 건지 학생의 진짜 욕구를 파악하고, 그 마음을 인정해 주는 것이 중요합니다.

"맞아. 오늘 같은 날 야외에서 공부하거나 간식을 먹으면 좋지. 그런데 오늘 진도를 나가지 못하면 나중에 더 많이 공부해야 하는데 어쩌지? 간식은 나중에 ○○일날 먹는 것이 좋을 것 같은데.. 네 생각은 어떠니?"라고 말한다면 거절이라고 느끼지 않고, 노력한다고 받아들입니다.

Q 학생들과 일어날 수 있는 갈등 상황은 무엇이 있나요? 그때 어떻게 학생의 욕구와 해결책을 긍정적으로 표현할 수 있을까요?

Q 학생들을 칭찬할 때 구체적으로 어떤 방식으로 인정하고, 칭찬하면 좋을까요?

칭찬은 구체적으로 하는 것이 좋습니다. 보고 들은 그대로 관찰한 바를 칭찬의 말에 묘사하는 것입니다. 학생의 행동을 보면서 "참, 착하구나"도 좋지만, 예를 들어 "선생님이 가지고 온 책 되게 무거운데~ 무거운 책을 책상 위에 놓아줘서 고마워"라고 표현하는 것이 좋습니다. 칭찬은 학생의 행동을 넘어서 학생이 했던 말이나 행동을 통해 내게 준 영향을 표현하는 것이 더욱 효과적입니다. 학생이 책을 책상 위에 놓아준 행동이 나에게 어떤 영향을 주었을지를 생각하면서 이렇게 표현하면 더욱 좋습니다.

> "네가 선생님의 책을 들어줘서 선생님이 배려받고 있다는 느낌이 들었단다. 그래서 기분이 좋았어".

학생은 자신의 행동이 선생님을 배려하고, 영향을 주었다고 생각해 자신의 행동이 더 의미 있는 일이었음을 깨닫게 됩니다. 따라서 칭찬과 인정의 표현을 할 때는 학생의 행동과 말을 있는 그대로 묘사하면서 어떤 영향(의미)이 있었는지까지 이야기해 주면 더욱 깊은 신뢰관계를 형성하게 됩니다.

Q 우리 반 학생의 칭찬하고, 인정해 줄 만한 행동을 떠올려보고, 어떻게 칭찬하고 인정했으며 그것이 교사인 내게 어떤 영향을 주었는지 나누어 봅시다. 그런 경험이 없다면 자신의 학생 때 기억나는 칭찬과 인정을 적고, 교사에게(상대방에게) 어떤 영향력이 있었는지 나누어 봅시다.

05

충고, 조언

> **Q** 학생이 잘못했을 때 충고와 조언이 필요합니다. 학생이 거짓말을 했다면 어떻게 지도하고 조언하면 좋을까요?

가끔 학생들의 말과 행동, 태도에서 조언해야 할 일이 있습니다. 하지만 섣불리 충고나 조언하게 되면 마음 문이 닫히고 관계가 서먹해집니다. 충고나 조언의 효과를 위해 먼저 학생에게 동의 얻는 과정이 필요합니다. 예를 들어, "선생님이 하고 싶은 말이 있는데, 조금 불편하게 느껴질 수도 있어. 괜찮겠니?"와 같이 먼저 양해를 구하면 대부분의 학생은 듣겠다고 합니다. 그러나 이때 곧바로 학생의 행동을 지적하거나 고치려는 말만 하는 것은 큰 도움이 되지 않습니다.

"거짓말은 하나님이 기뻐하시지 않아"

"거짓말은 나쁜 거야"

"거짓말하는 네게 실망했다"

이런 말은 학생도 이미 알고 있습니다. 따라서 그때는 정직하게 말할 때 얻게 되는 긍정적인 결과를 이야기하거나, 비슷한 상황이 다시 온다면 어떻게 하고 싶은지 스스로 생각해 보도록 질문하는 것이 좋습니다. 이렇게 접근하면 대부분 스스로 자신의 잘못을 인정합니다. 이후 교사는 학생의 깨달음을 칭찬하고 격려하며, 앞으로 정직한 태도로 행동해 줄 것을 기대한다는 메시지를 전하면 됩니다.

Q 우리 반 학생에게 조언과 충고해 주고 싶은 말이 있다면 무엇인가요? 어떻게 표현할 수 있을까요?

06
공과 질문

Q 공과 인도할 때 즐겨 사용하는 질문은 무엇인가요? 요한복음 3장 16절을 읽고 질문을 만들어 이야기 나눕시다.

> 하나님이 세상을 이처럼 사랑하사 독생자를 주셨으니 이는 그를 믿는 자마다 멸망하지 않고 영생을 얻게 하려 하심이라 요 3:16

공과를 진행할 때 설명과 해설은 매우 중요합니다. 잘 설명된 하나님의 말씀은 학생들의 마음과 영혼에 새겨져, 삶 속에서 예수님의 제자로 살아갈 수 있는 원동력이 됩니다. 교사가 전한 말씀이 학생의 삶 가운데 경험하려면, 질문을 통해 학생이 답을 고민하게 하고, 삶에 적용시키도록 해야 합니다.

질문은 상대방의 생각과 답의 방향을 결정합니다. 질문이 어떠냐에 따라 학생의 생각도 달라집니다. 예를 들어 우리 반의 고쳐야 할 점은 무엇인지 물어보면 단점에만 집중하지만, 우리 반의 장점을 물어보면 장점을 찾기 시작합니다.

또 거짓말이 죄인지, 아닌지를 물어보면 대부분 죄라고 답을 하지만 "거짓말하면 하나님께 영광이 될까요?", "사람들이 기뻐할까요?"라고 물으면 학생의 생각과 답은 다양해 집니다.

즉 같은 문제, 동일한 주제를 다루는 질문이라도 질문의 초점을 어떻게 두느냐에 따라 학생의 생각이 다른 방향으로 열리게 됩니다. 교사는 학생의 생각을 질문을 통해 의도하는 방향으로 이끌 수 있어야 합니다.

Q 믿음이 성장하는 질문은 어떤 것이 떠오르나요? 학생들에게 좋은 질문은 무엇일까요? 학생들의 자존감 높이는 질문을 만들어보세요.

교사는 말씀과 기도로 학생을 섬기는 지도자입니다. 그리고 학생들은 우리의 말과 행동을 통해 신앙이 무엇인지, 신앙생활을 어떻게 하는 것인지 배웁니다. 때로는 말씀을 가르치고 기도해 주는 것 못지않게, 대화 속에서 학생들이 예수님의 사랑을 느끼고, 하나님의 은혜를 경험할 수 있도록 준비해야 합니다.

어떤 말을 할지 한 번 더 생각해 보고 표현하는 연습이 필요합니다. 아이들과의 소통에 부담을 느끼고 계셨다면 더 이상 주저하거나, 회피하지 마시고 소통을 잘 할 수 있도록 연습하십시오. 믿음과 이해의 언어를 통해 학생들의 마음을 기쁘게 하고, 영혼을 살리며, 힘을 낼 수 있도록 돕는 다양한 말을 사용할 수 있습니다.

그렇게 소통이 시작되면 학생들의 영혼과 마음은 주안에서 성장할 수 있습니다. 굳게 닫혔던 마음을 열게 됩니다. 믿음과 이해의 언어로 학생과 소통하여 만날 때마다 아름다운 코이노니아가 일어나기를 기원합니다.

1 이 과를 통해 새롭게 알고 느끼고 깨닫게 된 점은 무엇입니까?

2 학생들과의 소통에 구체적으로 적용할 점은 무엇입니까?

3 우리 교회 부서 교육에서 새롭게 실천해야 할 점은 무엇입니까?

부록

교사 두 명씩 혹은 교사 소그룹에서
5개 내외 문항을 선택해서 실습합니다.

개인 상담 및 심방 질문 실습

- 오늘 가장 좋았던 일은 뭐야?
- 교회에 오면 뭐가 제일 좋아?
- 뭐 할 때 가장 신나고 즐거워?
- 좋아하는 성경 인물은 누구야?
- 만약 하나님이 네 기도 하나를 무조건 들어주신다면 어떤 기도를 하고 싶어?
- 어떤 찬양을 부르면 즐거워?
- 무슨 일 할 때 행복해?
- 만약 20년 뒤에 신문사에서 성공 인터뷰를 한다면 뭐 때문에 인터뷰했을까?
- 어떤 부분을 이해받고 싶어? 인정받고 싶어?
- 어떤 말을 들을 때 기분 좋아?

소그룹에서 질문 실습

(공과 선택해서 직접 인도해봅니다. 공과 진도에 따라 아래 질문 적용해 보십시오.)

- ~라고 말했는데 무슨 뜻인지 궁금하네.
- 지금 이야기가 우리 삶에서 어떻게 적용될 수 있을까?
- 그 성경 말씀이 네게 어떤 영향을 끼쳤어?
- 어떻게 하면 상황이 달라질 수 있을까?
- 그 말씀이 현실에서 어떤 모습으로 나타났으면 좋겠어?
- 지금 나눈 주제를 만약 우리 친구들이라면 어떻게 하는게 좋을까?
- 그렇구나. 음... 좀 더 구체적으로 말해 줄래?
- 궁금해서 그런데 무슨 뜻이야?
- 그럼에도 불구하고 그렇게 하고 싶은 이유는 무엇일까?
- 만약 ~~~한다면, 어떻게 될까?
- 음... 그 이야기는... ~ 이구나? ~라고 이해해도 될까?

5과

성경 연구방법과 공과 교수법

김성중 교수

성경 연구방법과 공과 교수법

성경 연구방법은 성경을 읽고 듣고 묵상하며,
배우고 암송하고 필사하는 것입니다.
"질문 만들기"를 중심으로 공과 준비를 하고,
공과 공부 시간에 다양한 공과 교수법을 활용할 수 있어야 합니다.

김성중 교수

- 장로회신학대학교 기독교교육과
- 연세대학교 신과대학 졸업
- 장로회신학대학교 신학대학원 교역학 석사 졸업
- 장로회신학대학교 대학원 기독교교육학 석사 졸업
- 미국 보스턴대학교(Boston University) 신학 석사 졸업
- 미국 플로리다대학교(University of Florida) 교육학 박사 졸업
- 미국 하버드대학교(Harvard University) 케네디스쿨 NGO 전문교육연수 수료
- 기독교육리더십연구소 소장 / 대한민국교육봉사단 대표 /
  더작은재단 이사 / 번개탄TV 감사
- 브리지임팩트사역원 신학자문 / 한국교회지도자센터 전문위원 /
  넥스트교회교육원 고문이사

목표

1. 교회학교 교사는 "성경을 가르치는 교사"라는 정체성을 기억합니다.

2. 성경 연구방법을 이해하고, 삶 속에서 적용합니다.

3. 공과는 주중에 체계적으로 준비합니다.

4. 공과 본문의 핵심 내용을 찾아내기 위해 "질문 만들기"를 실천합니다.

5. 공과 공부를 준비할 때 교안을 만듭니다.

6. 다양한 공과 교수법을 이해하고, 공과 공부 시간에 활용합니다.

안내

공과 준비를 주일 전날인 토요일에 잠깐 시간을 내서 하는 게 아니라,
주중에 체계적으로 할 수 있어야 합니다.
그러기 위해서 공과 준비를 주중 영성 훈련으로 이해할 수 있어야 합니다.
그리고 주로 강의법에 치우친 공과 교수법에서 벗어나
다양한 공과 교수법을 이해하고, 공과 시간에 활용할 수 있도록 합니다.

01

성경을 얼마만큼 알고 있나요?

Q 나는 성경을 알기 위해 어떤 노력을 하고 있습니까?

성경을 알기 위해서 교회학교 교사는 아래 제안하는 몇 가지 거룩한 습관을 가지면 좋습니다.

① 성경을 읽어야 합니다. 성경을 읽으면서 성경의 구체적인 내용을 알아가야 합니다.
② 성경을 들어야 합니다. 요즘은 편하게 성경을 들을 수 있는 어플리케이션(APP)이 나와 있습니다. 성경을 들으면서 성경의 전체적인 흐름을 파악해야 합니다.
③ 성경을 묵상해야 합니다. 성경을 묵상하면서 하나님께서 지금 나에게 어떠한 메시지를 주시는지를 확인해야 합니다.
④ 성경을 배워야 합니다. 예배 가운데서 선포되는 설교를 통해서, 교회에서 제공하는 성경 교육을 통해서 성경의 역사, 배경, 구조, 내용을 배워야 합니다.

⑤ 성경을 암송해야 합니다. 성경을 암송하면서 내 존재 안에 하나님의 말씀을 채워야 합니다. 암송한 말씀이 일상생활의 다양한 상황 가운데서 떠올라 삶의 지침이 될 것입니다. "주의 말씀은 내 발에 등이요 내 길에 빛이니이다" (시편 119:105).

⑥ 성경을 필사해야 합니다. 성경을 필사하면서 우리에게 주신 하나님 말씀의 소중함을 깨닫고, 말씀을 깊이 있게 생각할 수 있어야 합니다.

Q 성경을 통해 무엇을 알 수 있습니까?

성경 전체는 모두 하나님의 말씀입니다. 성경을 통해서 우리는 '하나님'과 '하나님의 뜻'과 '하나님이 원하시는 삶'을 알 수 있습니다.

1. 하나님을 알 수 있습니다.

요한복음 5장 39절에는 "너희가 성경에서 영생을 얻는 줄 생각하고 성경을 연구하거니와 이 성경이 곧 내게 대하여 증언하는 것이니라"고 나옵니다. 그래서 성경을 통해 삼위일체 하나님(성부 하나님, 성자 예수님, 성령 하나님)을 알 수 있습니다.

하나님의 성품을 알 수 있습니다. 갈라디아서 5장 22-23절에는 가장 직접적으로 하나님의 성품이 언급되어 나옵니다. 하나님의 성품으로 "사랑, 희락, 화평, 오래참음, 자비, 양선, 충성, 온유, 절제"가 나옵니다. 출애굽기 34장 6절에는

"여호와께서 그의 앞으로 지나시며 선포하시되 여호와라 여호와라 자비롭고 은혜롭고 노하기를 더디하고 인자와 진실이 많은 하나님이라"고 하나님의 성품이 나옵니다.

하나님께서 일하시는 방식을 알 수 있습니다. 성경은 하나님께서 하시는 일에 대해서 기록된 하나님의 역사입니다. 그렇기 때문에 성경을 통해 하나님께서는 언제, 어떻게 일하시는지를 알 수 있습니다. 이사야 43장 19절에서 하나님께서는 "보라 내가 새 일을 행하리니 이제 나타낼 것이라 너희가 그것을 알지 못하겠느냐 반드시 내가 광야에 길을 사막에 강을 내리니"라고 말씀하십니다.

2. 하나님의 뜻을 알 수 있습니다.

성경을 통해서 하나님께서 어떤 생각을 하시는지 그 뜻을 파악할 수 있습니다. 이사야 46장 10절에 보면, "내가 시초부터 종말을 알리며 아직 이루지 아니한 일을 옛적부터 보이고 이르기를 나의 뜻이 설 것이니 내가 나의 모든 기뻐하는 것을 이루리라 하였노라"고 나옵니다.

3. 하나님이 원하시는 삶이 무엇인지 깨닫게 됩니다.

성경을 통해서 하나님께서 기뻐하시는 삶의 비전과 방향을 알게 되고, 어떤 가치관을 가지고 살아가야 하는지를 깨닫게 됩니다. 미가서 6장 8절에 보면, "사람아 주께서 선한 것이 무엇임을 네게 보이셨나니 여호와께서 네게 구하시는 것은 오직 정의를 행하며 인자를 사랑하며 겸손하게 네 하나님과 함께 행하는 것이 아니냐"라고 나옵니다.

02

공과 준비를 어떻게 하나요?

Q 나는 공과 준비를 언제, 어떻게 하고 있나요?

공과 준비는 철저하게 해야 합니다. 우리의 정체성은 바로 성경 가르치는 교사이기에 공과를 통해 하나님의 말씀을 우리 아이들에게 잘 전달할 수 있어야 합니다. 그러기 위해서 공과 준비를 주일 전날인 토요일에 잠깐 하는 것이 아니라, 일주일 전체를 할애해서 할 수 있어야 합니다. 물론 공과 준비를 일주일을 한다고 하면 부담이 될 수 있기에 주중 영성 훈련을 한다고 생각하면 공과 준비를 통해 내 신앙이 더 성숙하고, 성장하는 계기가 될 것입니다.

Q 공과 준비의 시작은 어떻게 하고 있나요?

공과 준비는 다음 주 공과 본문의 말씀을 읽고 묵상하는 것으로부터 시작됩니다. 공과 본문의 말씀을 읽고 묵상할 때 다양한 성경의 번역본을 가지고 읽고, 묵상하면 좋습니다. 그러면 똑같은 본문을 여러 각도에서 살펴볼 수 있고, 어려운 단어나 문구도 다른 성경 번역본을 통해 자연스럽게 해석될 수 있습니다. 한글 번역 성경 중에는 개역개정판, 표준새번역, 현대인의 성경, 쉬운 성경, 메시지 성경, 새한글 성경 등을 사용하면 되고, 영어 번역 성경 중에는 NIV(New International Version), NLT(New Living Translation), NASB(New American Standard Bible) 등을 사용하면 됩니다.

Q 공과 본문의 핵심 내용을 찾아내는 나만의 방법이 있으면 나눠봅시다!

공과 본문의 핵심 내용을 찾아낼 때 사용할 수 있는 좋은 방법은 바로 "질문 만들기"입니다. 질문은 세 가지 종류로 나누어질 수 있습니다.

- 지식 질문 : 정보와 지식을 정확히 알고 있는지를 확인하는 질문
- 해석 질문 : "왜"를 질문하면서 어떤 의미가 있는지를 생각하고 해석할 수 있도록 돕는 질문
- 적용 질문 : 삶에 구체적으로 적용할 수 있도록 인도하는 질문

본문 안에서 먼저 객관적인 지식과 정보를 찾고 그것에 맞춰서 지식 질문을 만듭니다. 그리고 지식 질문과 연결해서 해석 질문을 만들고, 적용 질문을 만듭니다. 예를 들어, 마태복음 14장 13-21절에 나오는 오병이어의 기적이 공과의 본문이라면, 먼저 객관적인 정보를 찾습니다. 마태복음 14장 21절에 "먹은 사람은 여자와 어린이 외에 오천 명이나 되었더라"고 나오는데, 이 구절에서 지식 질문을 만들고, 그다음 지식 질문과 연결되는 해석 질문, 적용 질문을 만드는 것입니다.

지식 질문	얼마나 많은 사람이 예수님께 왔습니까?
지식 답변	남자 성인만 오천 명 (마 14:21)

해석 질문	그 많은 사람들은 왜 예수님께 왔습니까?
해석 답변	예수님을 만나려고 (마 14:13-14)

적용 질문	나는 얼마만큼 예수님과 교제하는 삶을 살기로 결심합니까?
적용 답변	아침에 일어나서 성경 3장씩 읽고 묵상하면서 예수님과 교제하려고 합니다.

한 세트의 질문을 더 만들어 보면, 마태복음 14장 20절에 "다 배불리 먹고 남은 조각을 열두 바구니에 차게 거두었으며"라고 나오는데, 이 구절에서 지식 질문을 만들고, 그다음 지식 질문과 연결되는 해석 질문, 적용 질문을 만드는 것입니다.

지식 질문	예수님께서 거두라고 하는 남은 조각은 얼마나 되었습니까?
지식 답변	열두 바구니 (마 14:20)

해석 질문	왜 예수님은 남은 조각을 거두라고 하셨을까요?
해석 답변	갈릴리 마을에 사는 사람들은 제대로 먹지도 못하는 불쌍한 사람들이 많았기 때문에 거둔 열두 바구니를 마을에 보내서 못 먹은 사람들을 먹게 하셨을 것입니다. (마 14:14)

적용 질문	나는 삶 속에서 무엇을 아끼며 살아가야 할까요?
적용 답변	나는 식비를 아끼지 않는 거 같은데, 식비를 매주 만원 씩 아껴서 어려운 이웃을 돕는 구제헌금으로 내겠습니다.

이 질문의 세트를 다섯 개 정도 만들고, 이 질문의 내용들을 공과 본문의 핵심 내용으로 잡고, 공과 시간에 아이들에게 질문하고 정리하면서 공과 본문의 내용을 효과적으로 전달할 수 있어야 합니다.

Q 공과 공부 시간 안에 공과 교재는 어떻게 사용하고 있으며, 얼마만큼 활용하고 있는지 자신의 경험을 나눠봅시다!

공과 공부 시간 안에 공과 교재를 처음부터 끝까지 순서대로 다 한다는 것은 무리가 있습니다. 그리고 공과 교재 순서대로만 공과를 진행하면 자연스럽지 않고, 아이들도 학교 수업같이 느껴서 흥미를 잃게 됩니다. 그래서 공과 교재는 공과 준비할 때 두세 번 정독을 하고, 주일 공과 시간에는 공과를 초월해서 자연스럽게 진행합니다.

질문 세트 만들기 한 것 중에 공과 교재 내용의 핵심과 일치되는 질문 세트를 중심으로 공과를 진행합니다.

Q 공과 공부를 진행할 때 교안을 만들어 본 적이 있나요?

일반 학교에서 교사가 아이들에게 가르칠 때는 교안을 작성하고, 교안을 가지고 가르치게 됩니다. 교회학교 교사도 공과를 준비할 때 교안을 작성하고, 교안을 가지고 가르치는 습관을 가지면 좋습니다.

교안작성의 장점

- 내가 어떤 공과 교육의 내용을 가지고 어떻게 가르쳐야 할지를 요약해 준다.
- 공과의 많은 내용 중에 핵심적으로 가르쳐야 하는 내용을 명확하게 인지하게 해 준다.
- 체계적으로 공과를 준비하는 계기를 마련해 준다.
- 성실한 교사가 될 수 있도록 훈련의 기회를 제공해 준다.

Q 공과 공부 교안에는 어떤 것이 들어가야 할까요?

공과 공부 교안에는 공과 본문과 제목, 교육목적과 교육목표, 교육의 핵심내용 2-3개, 교육방법, 과제로 구성할 수 있습니다.

교안의 예시

① 공과 본문 : 마 14:13-21
② 공과 제목 : 기적을 체험한 사람들
③ 교육 목적 : 예수님과 만나서 변화하는 사람이 되자!
④ 교육 목표
  1) 매일 아침에 일어나서 10분씩 말씀을 묵상하며 예수님과 만나는 사람이 되자!
  2) 내 소중한 것을 아껴서 주변의 힘든 이웃을 도우며 살아가는 사람이 되자!
⑤ 교육의 핵심내용 : 내가 만든 질문 세트들 중 공과 교재의 핵심과 중복되는 내용
  1) 예수님과 교제하는 삶   2) 아끼며 돕는 삶
⑥ 교육방법
  1) 묵상법   2) 강의법   3) 질문법
⑦ 과제
  1) 매일 아침 10분씩 말씀 묵상   2) 이웃을 돕는 실천 1가지

03

어떤 공과 교수법을 사용해야 하나요?

Q 내가 공과 공부 시간에 주로 사용하고 있는 공과 교수 방법은 무엇입니까?

우리는 주로 공과 교수법으로 강의법을 사용하고 있는데, 강의법 외에도 다양한 방법이 있습니다.

① **강의법** : 지식과 정보의 전달에 용이한 방법
② **스토리텔링** : 인물을 중심으로 펼쳐지는 스토리를 연기하면서 내용을 전달하는 방법
③ **암송** : 머릿속에 기억이 남게끔 반복하는 방법
④ **묵상법** : 공과 본문 안에서 하나님이 누구신지, 하나님의 뜻이 무엇인지를 찾게 하는 방법
⑤ **사례법** : 실제적인 사례를 들어서 학습자가 이해할 수 있도록 돕는 방법
⑥ **토론법** : 답이 하나로 정해지지 않는 주제를 가지고 생각을 나누는 방법

⑦ **협동학습법** : 구성원이 함께 힘을 합쳐 협력하면서 답을 맞추거나 작품을 만드는 방법
⑧ **놀이(레크레이션)** : 구성원이 함께 어울리면서 미션을 수행하는 방법
⑨ **역할극** : 구성원 숫자에 맞게끔 배역을 정해서 연기하면서 성경 본문의 주인공이 되어 보는 방법
⑩ **질문법** : 학습자로 하여금 생각하게 만들고, 교사와 학습자가 상호작용하도록 인도하는 방법
⑪ **만들기법** : 교육재료를 가지고 직접 형태를 만들면서 입체적으로 진행하는 방법
⑫ **체험학습법** : 현장에 가서 탐방하고, 경험하면서 내용을 알게 하는 방법

Q 우리 반 아이들의 눈높이에 맞는 공과 교수법은 무엇이라고 생각합니까?

요즘 우리가 만나는 아이들은 다양한 배경과 문화 속에 있기에 아이들의 눈높이에 맞는 공과 교수법은 하나만 있는 것이 아닙니다. 아이들마다 선호하는 교육방법이 다릅니다. 그래서 아이들의 눈높이에 맞는 공과 교수법이라는 것은 다양한 방법을 숙지해서 사용하는 것이고, 공과 공부 시간 동안 하나의 교수법을 사용하는 것이 아니라, 2-3개의 교수법을 사용하는 것입니다.

Q 다양한 공과 교수법을 실행하기 위해 무엇을 어떻게 준비해야 합니까?

다양한 교수법을 실행하기 위해 교육 방법과 관련된 전문 학자들의 책을 읽으면 도움이 되고, 교사회의 시간에 교사 각자가 잘할 수 있는 공과 교수법 한 가지씩을 소개하고 설명하는 시간을 가지면 여러 공과 교수법을 습득하는 데 있어 도움이 됩니다.

❶ 이 과를 통해 새롭게 알고 느끼고 깨닫게 된 점은 무엇입니까?

❷ 나의 교회 교육에 구체적으로 적용할 점은 무엇입니까?

❸ 우리 교회 부서 교육에서 새롭게 실천해야 할 점은 무엇입니까?